亚瑟·M. 赛克勒

[美] 米格尔·A. 贝纳维兹 著
高建平 译

"艺术是一种靠修养来追求的激情,而科学则是需激情来求索的修养。"

亚瑟·M.赛克勒

著作权合同登记号　图字：01-2014-8018

图书在版编目(CIP)数据

亚瑟·M.赛克勒／(美)贝纳维兹(Benavides, M. A.)著；高建平译. — 北京：北京大学出版社，2015.8
ISBN 978-7-301-25951-1

Ⅰ.①亚… Ⅱ.①贝…②高… Ⅲ.①赛克勒(1913~1987)–生平事迹 Ⅳ.①K837.126.2

中国版本图书馆 CIP 数据核字(2015)第 132683 号

ISBN: 978-0-983-2599-4-7
Copyright 2012-2013.
Published by the Dame Jillian & Dr. Arthur M. Sackler Foundation for the Arts, Sciences & Humanities.
No part of this publication may be copied, printed, modified in any format without written permission from the publisher and author.
All rights reserved.
本书中文简体字翻译版由赛克勒基金会授权北京大学出版社独家出版发行。

书　　　名	亚瑟·M.赛克勒
著作责任者	[美] 米格尔·A.贝纳维兹 著　高建平 译
责 任 编 辑	黄敏劼
标 准 书 号	ISBN 978-7-301-25951-1
出 版 发 行	北京大学出版社
地　　　址	北京市海淀区成府路 205 号　100871
网　　　址	http://www.pup.cn　新浪微博：@北京大学出版社 @培文图书
电 子 信 箱	pkupw@qq.com
电　　　话	邮购部 62752015　发行部 62750672　编辑部 62750883
印 刷 者	北京翔利印刷有限公司
经 销 者	新华书店
	787 毫米×1092 毫米　8 开本　18.5 印张　225 千字
	2015 年 8 月第 1 版　2015 年 8 月第 1 次印刷
定　　　价	168.00 元

未经许可，不得以任何方式复制或抄袭本书之部分或全部内容。
版权所有，侵权必究
举报电话：010-62752024　电子信箱：fd@pup.pku.edu.cn
图书如有印装质量问题，请与出版部联系，电话：010-62756370

目录

成长历程	11
行医艺术	16
医海只帆	21
收藏里的科学	31
艺术与机构	47
为和平而战	55
外交的艺术	59
大都会博物馆的经历	69
其他艺术与机构	79
罗马纪实	87
新博物馆的旧烦恼	91
赛克勒博士来到华盛顿	95
为科学而生	115
其他岛屿上的旅程	123
易逝的和平	125
赛克勒与《中国医学论坛报》	129
融快乐于经营	139
怀念致辞	143

感谢中国医学论坛报社

为本书中文版的出版

所作的贡献

为了和平中的世界

（我笃信）为了和平中的世界，
科学、艺术和人文学科须以其无限的影响力，
根除不公，消灭战争，弘扬更大的正义。

为了和平中的世界，
科学和技术要化自然资源之有限为无垠，
要带来新的丰饶与契机，
从而消弭世间的分立。

为了和平中的世界，
无知与褊狭必须摒弃，
无极世界须培植民族间的合作与默契。

为了和平中的世界，
社会经济结构中，宗教民族传统里，
独特中蕴含丰富的细节与缤纷的变化，
让我们的生活更加美丽。

为了和平中的世界，
人类的文化成就和科学中的人性，
将由艺术与人文学科增益。

亚瑟·M. 赛克勒博士
1986年

亚瑟·M. 赛克勒倾毕生于增加人类的福祉。他是医生，是科学家，是出版人，是艺术品收藏家，是鉴赏家，是人道主义者。他用自己的智慧、坚韧和艰苦工作，成就了自我和家人。作为精神病学家，他创建了克里德莫尔精神生物学研究院，他经营医学广告代理公司，他创建了第一份专属医生的报纸：《医学论坛报》。他的影响力遍及世界。他能与之从容谈笑者既有瑞典国王古斯塔夫六世、摩西·达扬，还有卡尔·荣格、马克·夏加尔、伯纳德·马拉默德、玛琳·黛德丽，以及众多的诺贝尔奖得主，同代人中谁能望其项背？"赛克勒热爱生活，热爱生活中的神秘、奇妙和挑战"，纽约罗切斯特医学中心的卢·拉萨尼亚如是评价他的朋友，"赛克勒是个乐观主义者，是位斗士，要完成他的事业，恐怕要花三辈子的时间。而他之所成，足以证明他具有世上最杰出的能力。"

依靠自我奋斗，赛克勒建立起有史以来最伟大的艺术收藏之一。虽然他往往"沉浸于医学领域的哲学和实践研究"，他作为收藏家的视角则反映出"他对科学哲学和人类历史的终生兴趣"。他曾评论说："真正伟大的艺术或科学，音乐、诗歌或表演都离不开彼此的统一。"他曾总结道："艺术是一种靠修养来追求的激情，而科学则是需激情来求索的修养。"他说自己搞收藏和其他生物学家类似："有些人主要从美学角度搞收藏，尽管我也受到美学的极大诱惑，但艺术却是我搞收藏的主要动因。因为艺术代表了人类的延续。"作为训练有素的医生，他一直探究着科学与艺术之间的紧密联系。他认为："人类的直觉和审美能力植根于生物形态和生化机理，植根于神经运动和感觉器官，而这些在数千年前就已臻完备；神经和肌体在这短短几千年中的进化，根本不会形成我们和祖先之间的显著差异。"

赛克勒不仅是杰出的医生、企业家和出版人，他已成为艺术、科学和人文领域中具有传奇色彩的美国捐助者。"我只是在静静地收藏着艺术，可猛然发现自己已沉浸于博物馆之中。"1983年他如是总结。他相信"真正的收藏家"只能是自己宝藏的"临时保管者"。与20世纪早期的其他艺术收藏家不同，赛克勒从不严苛限制自己的公共捐助。他回忆说："学生时代，我就憎恨那些认为通过捐助金钱，就可以对艺术政策指手画脚的所谓校友。""我认为那么做就是错的。"他的理由是"收藏最重要的功能"是"重建不同文化的文明"，这"只能通过学术研究实现"。他相信他的收藏有两重目的：推进学术研究和促进对艺术的理解。他的慷慨绝无褊狭。他不仅在纽约大学、克拉克大学、塔夫茨大学创建了重要的科研中心，为大都会艺术博物馆、史密森尼博物院以及普林斯顿大学、哥伦比亚大学和哈佛大学的博物馆大量捐助，他还在世界各地为艺术和科学慷慨捐资。

赛克勒不仅致力于科学，而且重视道义。1980年他在得克萨斯大学奥斯汀分校演讲时说："没有热情就无法实现伟大的担当，多数科学界外的人士认为科学家们冷漠且无激情。而伟大的科学哲学家则认为，尽管在收集数据时确实需要客观，但科学家最重要的特点并非超脱的客观性，而是重要程度与客观性比肩的热情和激情，对科学领域问题的创造性诠释和知识的传播都离不开热情和激情。"且这种激情必须"受控于基本的人性"。他也持莱纳斯·鲍林的改进版黄金法则："你对别人做的，应该比希望别人对你做的好两成，只有这样才能弥补主观性造成的误差。"

赛克勒成就卓越，而至少应该赢得同样赞誉的，是他取得这些成就的过程。他高度坚持原则，绝对恪守诚信。取得如此成就需要勇气、才能、创造力、慷慨大度，有时还需要敢作敢为。赛克勒常常被称为"天才"，在艺术、科学、医学和人文领域，他都有独到见解，这使他成为那个时代的文化领导者。许多建立于20世纪后期的艺术和科学机构，都因亚瑟·M. 赛克勒这个名字而荣光。那么此人来历如何？

赛克勒博士旧照

赛克勒博士儿时旧照

成长历程

赛克勒出身寒微。1913年8月22日，亚瑟·米切尔·赛克勒出生于纽约市布鲁克林区。他的父母是艾萨克·赛克勒和索菲·赛克勒。他出生时母亲仅有20岁，父亲比母亲大15岁。赛克勒的两个弟弟，莫蒂默和雷蒙德随后分别于1916年12月和1920年2月出生。直到其父辈一代，赛克勒的家族传统上都属于犹太法学博士。他们的先祖为了躲避宗教裁判所的迫害，从西班牙逃至奥匈边境才安顿下来。后来从这里他们最终移民到了美国。

新移民的生活并不容易。那时候还没有反歧视的相关立法，也没有各种福利。对于穷苦的移民来说可没有免费的午餐。但是，不管在另一个国度重新开始有多么困难，政治、社会和宗教自由的前景，便是他们每日艰辛生活的公平补偿。赛克勒的家人相信，只要他们这些新美国人认真、努力，总有一天生活会好起来。艾萨克在家族的杂货店里工作，生意相当不错。艾萨克的兄弟们和索菲的妹妹贝茜与他们比邻而居。1983年赛克勒承认，父亲"在我儿时，就已经灌输给我一个坚定的信念：文化和传统的传承是人类最伟大的财富之一"。虽然他们的家庭成员并没有定期到犹太教堂礼拜，但他们仍保持着犹太教的饮食习惯。赛克勒父母去世多年之后，他在犹太逾越节的时候，还会回到贝茜姨妈那里品尝她的鱼子饼。

艾萨克是位性情温和的绅士，而索菲则充满活力，实际上是家里乃至社区的领导。她希望自己的儿子将来学有所专，最好能当医生。（赛克勒多年后引以为豪地说："我妈妈的这一愿望百分之百地实现了。"）索菲对长子赛克勒的影响尤甚。刚刚4岁的赛克勒就已经知道，长大后要做一名医生。这到底是天性使然还是母亲灌输的结果呢？赛克勒后来写道："当我刚入幼儿园的时候，我就被告知'你已经走上了成为医生的道路'。"医学已成为他生活的中心。他决心成为父母的骄傲。1973年他解释说："医生可以做很多事情，医学是科学与人文的混合体，是技术与人类经验的融合。可供医生施展的领域没有边界——可以当医学记者，当医疗领域工程师，也可以当生物化学家、太空医生或体质人类学家。"

教育一贯是赛克勒家的头等要务。母亲在放学后总会督促他："今天课上有没有向老师提出好问题？"他根本没时间玩耍、看体育比赛或是参加夏令营。除了弟弟们出生前，他跟父母度过几次短假以外，赛克勒在25年前再没有度过假。他必须通过努力学习才能进入医学院，因为他可没有可以使他直接进入医学院的关系。

那时的赛克勒是个理想主义的孩子，非常尊崇美国的开国元勋。他尤其崇拜托马斯·杰斐逊，崇拜他作为思想家、学者、建筑师和作家的广博成就，崇拜他起草了《独立宣言》并创立了弗吉尼亚大学。他也非常喜欢古希腊在希腊化时期的价值观，包括那个时期的民主、自由、和平以及社会、公民和个体的权利。他阅读了公元前5世纪希腊的伟大典籍，包括亚里士多德的《政治学》、柏拉图的《理想国》，以及欧里庇得斯和索福克勒斯的悲剧。他研读了伟大的医学家们，比如阿尔克迈翁（他在大约公元前450年即已认识到大脑是知识的载体，也是率先论证灵魂不朽的人），当然还有希波克拉底（他被尊为西医之父，曾嘱托医生们"行医首忌对病人造成伤害"）。赛克勒拓展了他的英雄簿，包括近来文艺复兴时期的伟大思想家和艺术家，伽利略、哥白尼、达·芬奇、米开朗基罗和拉斐尔，也包括17世纪英、法、德启蒙运动中使科学突飞猛进的科学家（比如牛顿和赛梅维什），直至现代的伟大发现者巴斯德、贝尔纳和爱因斯坦。

孩提时代的赛克勒对艺术也像对医学和科学那样着迷。他一直喜欢音乐，尤其是弦乐。他曾短时间学习过小提琴，但那位老师没有耐心，常常在他出错的时候敲他的指关节，以至于赛克勒很快就放弃了跟他学琴。尽管有这些不快，音乐仍给赛克勒一生带来巨大的快乐。医学和科学是他一生的工作，而艺术则是他的娱乐。

1920年左右，艾萨克卖掉了杂货店用于投资出租公寓，但时机非常糟糕。赛克勒家的生活变得艰难起来。房客们停付租金，而且也没有新房客入住。公寓得维护却又租不出去。那时候可没有政府补贴。到1924年，艾萨克在布鲁克林区格兰特大街买了一家鞋店，但又因生意不好而关门。他的资金那时仍套牢于房产，所以他不得不在1925年找了份低薪工作，为另一家杂货店打工。

那年，赛克勒进入福莱特布什大街的伊拉斯姆斯·霍尔中学。这所学校的学业标准很高，赛克勒被安排到该校的尖子生"核心"班中。他同时代的校友有记者多萝西·基尔加伦和作家伯纳德·马拉默德，他与他们一直保持着联系。赛克勒在学校里很出色，获得过好几个学业奖励。

家里的经济条件不好，赛克勒一家不得不搬到便宜些的住处。他回忆那段艰苦岁月时，记得受过冻但好在没挨过饿。他为人送报纸、送花，打零工以补贴家用。后来他会羡慕地回忆起，当人家房门打开时那扑面而来的暖气，还有豪华的帕克大街公寓窗内闪亮的圣诞树，这与他自己当时阴冷的居所是那么不同。他时刻想着要为家里的困境找一条出路，终于在学校的文印室找到了一个空缺。文印室要他做编辑，负责学校所有的出版物，但他婉拒了，说更想做业务经理。他最终和学校约定，每做成一单生意，学校付给他比例不高的佣金。他工作越努力，就可以越多地帮助家里。赛克勒仅仅12岁，就开始帮助挣钱养家了。他15岁时，经济大萧条来了，从那时起他开始单枪匹马供养父母和两个弟弟。

在伊拉斯姆斯·霍尔中学时，赛克勒就想到了各种各样卖广告的点子。为什么商学院不把自己的广告印在学校课程卡片的背面？为什么不免费发放带广告的6英寸尺子？他建立起了广泛的联系并找到了更多的活儿。然后这位年轻的企业家建立了一家公司，来处理中学年鉴的图片，并承印这些年鉴。在成功地向德雷克商学院售出一年的广告版面后，他说服这家公司任命自己为广告经理。他在这个职位上一直干到上完大学和医学院。

尽管赛克勒致力于医学事业，他也需要满足与生俱来的对艺术的热爱。他曾回忆道："在我学医之前还是个学生的时候，我就对艺术感兴趣。当我不得不在各种体育运动中做选择的时候，我舍弃了它们而选择了美育。"他的亲人中并没有人和美术有直接关系，但他却被艺术世界中的美与智慧所吸引。他喜欢读艺术史，纽约的博物馆也都近在咫尺。这些为他提供了广博的相关资料，而他也热切地汲取相关知识。即便画廊粗陋、照明昏暗、环境令人不悦，他仍会赞叹于所见并有所得。在伊拉斯姆斯·霍尔中学上学的时候，他曾师从钱姆·格罗斯在教育联盟学过雕塑。格罗斯认为他很有天赋，但赛克勒不相信自己能成为杰出艺术家，转而攻读科学。

生为布鲁克林区人，赛克勒经常光顾布鲁克林艺术馆。他后来写道："在很多领域，布鲁克林艺术馆的馆藏都是无与伦比的。这里有埃及、中东的辉煌艺术，现在又配上了新的展品，比如壮丽的努比亚人艺术展。在它的永久藏品中，那精美的秘鲁织物是全美最好的前哥伦布时期收藏中的一部分，汇集了阿兹特克和玛雅文明中一些最优秀的材料。它目前有纽约地区唯一一个在展的、较大规模的印第安人雕塑展。"

1929年，股票交易所崩盘了。艾萨克和索菲失去了他们的财产。新近破产的券商和先前富有的投资客和商人们纷纷自杀。工人失业了，工厂关闭了。人们常常垂泪排在长长的施粥队伍里。赛克勒目睹了大学教授们站在街角卖苹果的悲惨一幕，他们吃橘子更是成为难得一见的场景。当如此众多的人失业的时候，赛克勒却保住了几份工作，并逐渐还清了家庭债务。他凭其超凡的能力，独立担起了挣钱养家的重任。

政府的政策没能拯救经济。1932年新当选的罗斯福总统承诺要帮助所有的美国人，尤其是穷人。虽然经济完全复苏要等到十几年以后，但罗斯福总统充满希望的演讲和炉边谈话，立竿见影地提振了大众的士气。为了使民众重新就业，罗斯福政府开始大规模升级和拓展国家的基础设施建设，大刀阔斧地引入了急需的福利制度，并最终发展成了社会安全保障、医疗保险和公共医疗补助制度。罗斯福总统从未想把福利变成一种生活方式。他称其为"毒品和人类精神的毁灭者"，并警告，如果依赖福利生活，"会瓦解人的精神和道德，从而彻底摧毁国家的基础"。罗斯福新政并不包括简单的施舍，受到救助的人必须工作，通过生产和干好工作的责任感，他们重拾荣誉。罗斯福建立了公共事业振兴署（即后来在1935年建立的公共事业署），使艺术家和作家为公共事业效力。赛克勒全家敬仰罗斯福为英雄，并崇拜他的开明思想。同父母一样，亚瑟·赛克勒终生都属于民主党。

大萧条那一年赛克勒从伊拉斯姆斯·霍尔中学毕业，来到了纽约大学高地分校。在那儿，他比以往更加努力。他除了修满课程外，还担负了业务经理的职责，负责校报、《幽默杂志》《学生手册》《紫罗兰（年鉴）》，后来他成了这些出版物的编辑。他拿到了最高标准的佣金，享有那个年代相当体面的收入。午餐时间，他还在高地校区餐厅当服务员，课间，他还在糖果店卖冷饮。直到1930年弟弟莫蒂默到伊拉斯姆斯中学上学，赛克勒一直做着这些挣钱的工作。此后，赛克勒成功地把原来这些工作转给了莫蒂默，并帮他维持销量和收入。

赛克勒的最大愿望是成为疗人伤痛的人。那时候，所有的医学院、名牌学校以及常春藤联盟大学，对犹太学生入学都有很严格的指标限制。但幸运的是，赛克勒被纽约大学高地分校的医学预科专业录取了。医学或许是个高尚的专业，但它也提出了许多复杂的伦理问题。当赛克勒进行毕业班外科实习的时候，他就深陷一种两难境地。声名显赫的系主任日益年迈，并且伴有一些早期衰老的迹象。他手术前会洗消失当；他的技术也退步到了令手术死亡率飙升的地步，以至于职员们常常会在背后称其为"死亡天使"。某个周二，赛克勒跟随他查房。他们来到一位30多岁的妇女病床前，她患有消化道溃疡穿孔，幸运的是，她的脓肿被局限在一处。赛克勒清楚，尽管她有些症状，但并非马上就有危险。他的上司说："周四我来做这例手术。"赛克勒非常担心手术台上可能发生可怕的问题，所以那以后的两天里，他试图劝说那位妇女出院。他也恳求过患者的丈夫，但由于无法言明为何要她出院，最终也未能说服他们。

手术后那位患者不幸身亡。赛克勒一直为此遗憾，却又不知该如何处理此事。医学保持着它自身的等级制度，或许应该如此。但这仍不能减轻他的愧疚。他为此纠结："难道是我错了？抑或是住院医们错了，还是看护们错了？难道是我们都辜负了那位患者？也辜负了那位医生？"他发誓再也不会让这样的事情重演。他立誓要遵从《圣经》里的教导："我们是自己兄弟的守护人。"

尽管赛克勒的精力极其充沛，但也觉得"医学预科生的艰苦学习"不好对付。即便如此，他仍能修习很多和医学学位并不相关的课程。他从纽约大学毕业时获得了艺术史和英语戏剧的学位。他修完了华盛顿广场学院晚间提供的所有艺术史课程。他晚上挤时间参加了柯柏高等科学艺术联盟学院的现场教学课程。他后来承认："当我认识到自己［艺术］天分的局限的时候，我开始对收藏感兴趣。与此同时，我对医学研究也产生了热切的兴趣。"

1933年，仅仅在纽约大学读了三年半，赛克勒就拿到了学士学位。这时，他帮父母又买了一家商店，而且商店的后面还带有生活区。当他到贝尔维尤就读医学院的时候，生活对于这个年轻人来说，仍旧是奋斗。他仅能买得起最基本的医学书籍，而他最终购买的都是卷角和污损的旧书。

他为高地校区的本科生出版效力，后来晋升为大学医学院学报的编辑，同时兼任德雷克商学院的广告经理。他是贝尔维尤《医学简报》的创始人、编辑和版面销售经理，后来他在《医科生联合会学报》同样担任了上述所有职务。他不仅挣钱奠定了自己的发展，还继续帮助养家。大弟弟莫蒂默因为接替了他原来的那些工作，也可以往家里带回一点儿钱。幸运的是小弟弟雷蒙德上学期间再也不用打工了。赛克勒还出钱让他参加夏令营。他对其他家里人说："让小弟弟享受一下吧。"

上医学院时，赛克勒考虑过研究肺结核或者精神病学，最后决定专攻精神分裂症。那时，人们对这种最折磨人的精神疾病还几乎一无所知。它被泛泛地称为"人格分裂症",而其实它是一种导致患者无法分清现实和虚幻的疾病。1936 年临床实习期间,他在时任贝尔维尤医学中心实验外科学教授的弗兰克·崔所属实验室做生物学研究。赛克勒选修的课程旨在解释静脉注射液为何会导致发热反应。这门课上所做的实验,最终发展形成了精神分裂症和其他精神疾病的神经－内分泌理论。在该项研究和后来他所进行的其他精神病学研究中,赛克勒逐步认识到:"'凡事问个为什么'很可能是一切学问和科学研究的根基。"

对人类精神问题的研究在 20 世纪初期还只是一个相对新兴的学科。社会整体上还对精神疾病患者抱有偏见,急需为他们找到有效的治疗手段。后来赛克勒回忆说:"作为四年级医学生,我首次执行了我并不认同的医嘱。作为实习生和内科住院医,我在患者身上看到了由于对新药磺胺不信任而造成的灾难性后果。然后,作为精神科住院医,我第一次进行临床研究,研究的是精神分裂症患者的新陈代谢。"那时候对精神病患者最常见的治疗方法是电击或前脑叶白质切除。赛克勒是最早反对这些粗陋的损伤性手术的精神科医生之一。他知道应该有更好的疗法。

在学习和兼职工作之余,赛克勒也开始积极从政。他认识到与其共事的护士们待遇低下,并帮助她们组织工会。到 1935 年,他已经成为反战和反法西斯同盟的一员。那时,美国短视的媒体,情愿对希特勒在德国的权力之争视而不见,而反犹的暴行并没有得到报道。当赛克勒得知一位纳粹支持者即将访问哥伦比亚大学时,他率领大家抗议,并在罗威纪念图书馆的台阶上教训了他。日本凶残地侵略中国东北,1937 年进而全面侵华,但西方政府和媒体却似乎出于自己的方便而"没有觉察",这令赛克勒非常震惊。赛克勒为中国人民所遭受的苦难而动容,并为此开展了人道主义募捐。

当时的赛克勒时常囊中羞涩,他带女友去博物馆,或买剧院后部的"站票"。但他承认,他最常做的还是带约会的女友坐免费的斯塔腾岛渡船。当他还是林肯医院实习生的时候,赛克勒就开始参加一些小的艺术品拍卖会;这位手头颇紧的医科生,买下了他第一件艺术品,一副美国画家鲁思·韦斯特希勒的"野马",花了 17.50 美元。这对当时的赛克勒来说可是一大笔钱。他遇到了索亚一家,并尽可能买下了摩西兄弟和拉斐尔的一些油画和素描。他不满足于墙上仅仅挂着些复制品。他希望生活在美好的艺术品之间,最好是原作。

1934 年,赛克勒还在医学院就读的时候,遇到了埃尔斯·乔根森,一位丹麦船长的女儿。那时,学生结婚是违反校规的,因而这对新婚夫妇力图保密。当他们的婚姻曝光后,赛克勒险遭学校开除。但由于他的学业成绩极其出色,校方最终未对此深究。20 世纪三四十年代在纽约过日子并非易事。起初,夫妇俩一周只有 50 美金。1941 年,他们的大女儿卡罗尔出生了,二女儿伊丽莎白也于 1943 年降临。因为父亲艾萨克的生意均告失败,赛克勒继续供养父母,而且还供弟弟们读书,并帮他们规划了未来的事业。

因为资金匮乏,赛克勒开始赌马。非常成功的人士往往有一种赌博的冲动,这可以激励他们冒险前行。赛克勒其实并不真懂赛马,他依靠的是报纸上读到的信息。他认为,如果体育专栏作家不擅长他们的工作,就不可能有报纸花钱请他们写专栏。所以他会买几份不同的报纸,看哪匹马可以得到他们一致认同,然后据此下注。他说他最后胜出了,但收益实际上根本不值他投入的宝贵时间。

1937 年从医学院毕业后,赛克勒在布朗克斯区的林肯医院一直实习到 1939 年。作为内科住院医,他在很多病房轮转,每次值班长达 36 小时,非常辛苦。(当时的实习生通常必须连续值班 3 次,每次 6 小时,随叫随到。)他随救护车行驶在纽约最"复杂"的地区,他说自己暴露在如此众多的疾病之中,以至于教科书上几乎每一页所介绍的疾病,他在现实中都可以真切地看到。后来他作为儿科住院医生,整整接生了一百名婴儿,他说,能分到这里很欣慰,因为这是医院内为数不多的令人快乐的病房之一。在儿科轮转时,他帮助组织了实习生委员会，并创办了面向实习生的杂志。

当赛克勒的两个弟弟向医学院申请入学时，却被列入黑名单。这或许是因为反犹的学生配额问题，也可能是因为哥哥的叛逆性政治活动。赛克勒随即安排他们去格拉斯哥的医学院就读。1938年父亲艾萨克不再工作了，父母二人心情都比较郁闷。赛克勒便把二老送到欧洲和弟弟们在一起，这样他们可以休息放松一下，忘掉烦恼。后来他还送家人去法国和欧洲其他地方旅行。1940年战争爆发时，两个弟弟回到了美国。他们在马萨诸塞州沃尔瑟姆的米德尔塞克斯大学完成了学业。

赛克勒尽其所能帮助家人。他一边求学，一边积极寻求着生意机会。他和制药公司保持着联系，这些联系是他为校刊卖广告时建立起来的。汽巴公司曾开价500美金，请他为公司和所产药品写一个宣传影片，这在当时可是很大一笔钱。尽管赛克勒已拖欠了4个月的房租，而且还需要往格拉斯哥汇钱，但他还是婉拒了他们。直到他们再三请求，并把酬金加到了2000美金，赛克勒才最终应允。之后，他高高兴兴地给在苏格兰的家人发了一张支票影印件。

行医艺术

1940年实习结束后，赛克勒必须出来自立门户，寻找自己的事业。他意识到，不管他多么想继续他的精神病学研究，只当一名科学家是无法支撑起他的家庭的。他也不想开设私人精神病诊所，来医治单个的精神病患者。赛克勒通过与父亲和叔叔们的家庭会议决定，为了养家，他还是应该到方兴未艾的制药业供职。他通过努力在德国先灵公司找到了一份工作，并在27岁时晋职为总经理。他的快速晋升只能归功于其卓越表现，因为在这家充斥着反犹思想的公司，他实际上并不受欢迎。

赛克勒从未掩饰过自己的犹太身份，但由于他发色浅，眼睛蓝，所以从未遭到过如此直白的歧视。当他的犹太身份传开之后，赛克勒发现很难约见某些公司董事。但尽管歧视严重，他还是成功了，而且还打破了公司内都得是英国新教徒后裔的壁垒。他审查了公司生产的药品目录，判定哪些药品有效，哪些无效。他组建了一个销售团队来推广那些有效药品。尽管形势严峻，公司却运转良好。后来，根据《外国人财产法案》，这家德国公司被征收了，而仅仅两年后赛克勒也被迫离职。

美国参战后，赛克勒知道他被征召入伍只是个时间问题。但因为两眼视力不达标，他未能参战。赛克勒没有当兵，他来到长岛的克里德莫尔州立医院开始任住院医，该职位是1944年《为军事服务的分配和采购法案》所提供的职位之一。

在克里德莫尔州立医院，赛克勒进入临床精神病学领域。为配合其住院医的工作，他接受了"弗洛伊德最欣赏的弟子"约翰H.W.范欧普豪伊森的培训，赛克勒和这位伟大的精神病学家终生保持联系。范欧普豪伊森是赛克勒非常敬仰的"头儿"。他是把心理分析引入荷兰的人，当时受邀到美国培训心理分析医生。他还多才多艺，是位令人尊敬的语言学家、技艺高超的业余拳手、出色的水手、天才的风琴师和交响乐队指挥。范欧普豪伊森对科研很感兴趣，支持赛克勒所作的病理生理学研究。他断言，弗洛伊德自己是最先认识到精神错乱有内分泌原因的人之一。

赛克勒也热衷于弗洛伊德主义，接受了关于本我、自我和超自我的理论。他也结识了这位奥地利精神病学家的女儿安娜·弗洛伊德，那时她在美国。他还曾和卡尔·荣格共进晚餐。在弗洛伊德晚年受到批评和嘲讽的时候，赛克勒挺身而出为这位现代精神分析之父辩护。他坚持说："一些弗洛伊德的追随者被他的潜意识见解蒙住了双眼，其中太多的人把某些对心理分析的不了解，当成了医学的神秘。"他认为现代精神病学的问题在于"把对弗洛伊德见解的教条化的曲解，强加到这门科学之上"。他说，即便是像爱因斯坦这样的大科学家，也会从直觉中寻找答案。

那时，对精神疾病的了解很少。收治精神病人的医院被称为"疯子的避难所"。赛克勒在克里德莫尔州立医院任住院医时，被指派负责医院的R楼，专门收治有暴力倾向的女病人。他说就像生活在一场现实版的《马拉·萨德》里一样。有时，他不得不努力应对病人；有时，病人会攻击他。有个病人把她的勺子锉成匕首，并试图刺他。他不得不与"疯狂的力量"搏斗，并亲自验证了这种名不虚传的力量。在克里德莫尔州立医院期间，他形成了基因而不是环境决定人性格的观点。因此，他用当时那种环境下极为罕见的仁慈来对待病人。有位叫皮尔的病人喜好食物，他就带她去卢吉·玛池饭店，那里的店规是"吃饭不限量"。皮尔惊讶地看到有那么多食物，于是不仅吃饱，而且还往自己手袋里装了更多的食物带走。

赛克勒在克里德莫尔州立医院的创新之一是，他整合了纽约市的血库。此前，根据法律，血库是按黑人献血者和白人献血者分开的。赛克勒气愤地否定了这一种族主义做法，并说血液的来源对血液没有影响。他说："血液就是血液。"他立誓要把血库整合起来。当血库整合起来以后，血液质量并没有出现问题。于是其他机构开始效仿。其后不久，相关法律做了修订。

1944年，赛克勒邀请他的两个弟弟也来克里德莫尔州立医院工作。他们两人都已通

赛克勒博士青年时旧照

过在哈莱姆医院的实习获得了相关资质。莫蒂默在那儿实习了一年，而雷蒙德则在那儿完成了住院医培训。1945年，父亲心脏病发作，他们匆匆从克里德莫尔赶到了父亲身旁，但是已经回天乏术了。父亲神志清醒，精神状态良好。他告诉索菲他还记得第一次见面时她穿的是蓝色连衣裙。不久，父亲安详地永别了家人。去世前他曾说自己一生幸福。他遗憾没能给儿子们留下"好名声"之外的其他东西。而对赛克勒而言，"好名声"才是最重要的，它一旦失去，将永不复回。如果失去的只是财产，总还可以再挣回来。

赛克勒从先灵制药公司不太愉快地离职后，在一家名为威廉·道格拉斯·麦克亚当斯的小广告公司临时任职。两年间，他晚上和周末在这里工作，而白天在克里德莫尔州立医院当住院医。他很感激这家公司敢于给他这个职位，因为那时的广告业基本上对于犹太人来说还是禁区。

赛克勒证明了自己是医药领域广告的开拓者。他致力于在新药获得批准后，尽快通过行业内出版物上的广告，告知医生们与这些新药相关的进展。他明白使医生们了解这些进展的最佳途径就是述论文章和印刷广告。他是科学家，也像科学家那样研究工作。他在接手一个产品前，会阅读所有的现有文献。那时的药品尚没有数十年之后——从纯医疗性过渡到消遣性时——才沾染上的污点。

第一种现代的"神奇药物"胰岛素于1921年被发现，被誉为巨大的胜利。那时，糖尿病的死亡率正以令人警觉的速度上升。印第安纳波利斯的礼来制药公司于1923年获批大量生产胰岛素。到1932年，由于巨大的需求，该药的价格下降了90%。加上青霉素等新药的涌现，医学上奇迹般的治愈成为可能。

赛克勒的加入给这家广告公司增添了巨大的活力。他的法宝在于永远超越客户的预期。他很快就成了公司的负责人并进行各种决策。当麦克亚当斯先生退休时，赛克勒买下了这家公司，并给了麦克亚当斯丰厚的退休金。赛克勒没有辞退任何员工，哪怕一些员工确实已经没有生产力。他继续帮助自己的亲人，给予弟弟们、堂兄弟们和其他亲戚们工作机会。他引入了众多的新鲜理念，以至于他重新定义了医学广告。医学广告业已经变成了一个以坚实科研为基础的欣欣向荣的产业。据估计，赛克勒培训了业内80%的从业者，他们日后又开设了各自的"作坊"。

赛克勒还帮助朋友们创建自己的公司。比尔·弗罗利希开始仅是麦克亚当斯广告公司的一名设计师，在赛克勒的帮助下，他开办了自己的代理公司。如果麦克亚当斯广告公司业务太忙，赛克勒就会把客户介绍给弗罗利希公司。赛克勒还出资设立其他的医学出版物，并让朋友掌管，他并不直接向这些刊物投放任何内容。比如，他曾为一位来自西班牙的优雅的朋友费力克斯·马蒂·阿巴尼斯医生建立了《MD杂志》。就是通过阿巴尼斯，赛克勒结识了迷人的女演员玛琳·黛德丽。第一次相约，黛德丽迟到了。当她为让他们久等而道歉时，赛克勒回答说："当已经等了一辈子的时候，多等半个小时又算什么。"

赛克勒在麦克亚当斯广告公司期间，医药广告业成长为大产业。而这时，报纸开始抱怨高涨的药价，这些报纸攻击医药广告推高了药价。赛克勒明白公司盈利必须考虑巨大的研发费用。他指出，如果药品有效，其需求就会提高，成本自然会降下来。医生们必须被告知医药领域的新进展。那时候，药品营销通过拜访医生和行业邮件进行，并不直接针对大众。广告创造了需求，并由此使药品成本下降，从而令消费者获益。因此，宣传就等同于市场份额。1970年代和1980年代，医生们被鼓励在处方中使用价格较低的非专利药。赛克勒发起的试验证明，很多情况下，非专利药和品牌药并不完全一致，疗效也不如品牌药物。尽管赛克勒从不断增长的医药广告中获益颇丰，但他坚决反对过量处方。他警告说："任何药品都有副作用，医生必须权衡疗效和可能的副作用。"对于吃药，他给出的建议是："如可能，应该在彻底痊愈时停药，否则会带来很多麻烦。"

既然有了从麦克亚当斯广告公司获得的利润，赛克勒决定亲自资助急需的精神病学研究。他接洽了克里德莫尔州立医院，希望建立自己的实验室。1949年，克里德莫尔精神生物学研究院成立。从创建到1954年，赛克勒一直亲自担任研究主任。就是在这里，赛克勒作出了他对精神分裂症代谢基础研究的重大发现，该发现预兆了代谢精神病学的发端。他很担心，界定不明确的精神外科学，包括电击和其他物理疗法，会成为他自己团队研究精神分裂症病因学的基础。尽管他不愿"挑战与我观点不同的精神病学家和内科医生的原则、合法性和道德观"，但他还是认为，该病的主要病因是代谢问题。赛克勒不仅资助而且规划和指导了所有相关研究，这些研究通过一个新建的门诊病人医疗部门完成。他让两个弟弟回到克里德莫尔为他工作，他的研究团队发表了50篇论文，详细记载了他们的研究发现。赛克勒坚持认为："合理的社会目标，并不能使不合理、不科学的方法变得合理、科学。"

赛克勒不仅准备好了挑战现状，而且也具备了这样做的实力。他记得爱因斯坦曾说过："我从不相信所谓的公理……探求真理的权利隐含着一种义务，我们绝不能隐藏自己已认定真理的任何一部分。"他支持俄国科学家伊凡·巴甫洛夫的观点："事实是科学家的空气。"法国生理学家克洛德·贝尔纳的著作《实验医学研究入门》是他的"福音书"。贝尔纳警告人们不要迷信权威："从事实而来的观念蕴含着科学，如果用作推理基础的事实不可靠或有谬误，则任何理论都会垮掉。"

赛克勒和他的弟弟们以及其他合作者共发表了139篇研究论文，其中多数关于人体机能变化会如何影响精神疾病。他在1978年自嘲道："我曾认为世界是平的，证据是，我写的130余篇科学论文中，大多数好像被装进了瓶子，扔进了大海，并从地球边缘掉下去了。"这个世界确实需要更长的时间才能理解他的发现。在研究精神分裂症时，赛克勒醉心于病因研究，也被统合理论的概念所吸引。他解释说："我最早进行的研究之一，是研究精神分裂病人空腹盐酸水平变化。大概四十年后，这一研究仍可能会被认为非常新颖。"赛克勒知道，从精神病症状到细胞水平的神经生理学，内分泌系统的作用都特别重要。内分泌系统与造成疾病的代谢过程紊乱紧密相关，是精神病理学的内在组成部分。

因为孤独症和精神分裂患儿常有"旋转"的倾向，赛克勒开始用有旋转倾向的小白鼠做实验。他解释说："这些特殊的啮齿动物有一个退行性的基因特点。纯合子小白鼠会表现出多动、跳华尔兹或旋转的临床症状，这反映出其患有器质性的脑损伤。"它们旋转的原因是一个内耳缺陷。他测试了一种叫做盐酸哌甲酯的神经兴奋剂，该药被广泛用于治疗轻微脑损伤，它的确可以减少多动症状。

在研究工作中，赛克勒常常需要应对的一个问题是："无论男人、女人还是小孩，在几乎每一种生理参数上，不论是血钙、组胺、pH值、谷氨酸还是各种激素以及其他内分泌物质，都有巨大的变化区间。标准值只是虚幻的。"他发现精神分裂病人对组胺、甲状腺素、性激素等，都有很高的耐受度。他坚信，应该靠常识和临床观察，配合分布曲线来决定这些物质的充足水平，甚至是最佳水平，而不是从高到低地度量它们的缺乏程度。

他解释说："当我们开始研究精神分裂症的代谢基础时，我们的出发点为，病理生理学的最佳方法是首先确定该病的机制，然后通过使用天然的或内生的物质来纠正这些偏差。我们注意到，精神分裂症并非不间断发作，病人可以自己复原。而我们希望定性的，正是病人自己复原的机制，以及与其复原相关的内分泌物质。"他从不认为药物可以解决代谢紊乱问题，而是寻找"以正常的、天然的生化物质为基础的生物化学疗法"。他相信通过界定"免疫、内分泌等因素"，可以"使我们有能力控制癌症、关节炎、糖尿病、精神分裂症，甚至还有衰老。终极内科医生的治疗装备不会是药理制剂，也不会是生化学家的伟大发明或制药企业的精心制作，而会是天然的内分泌物质，它们使人类、动物、鸟类和鱼类在生物进化史上生存和繁荣"。他的代谢研究已经揭示了"肾上腺素不仅关乎生物具备抗组胺的能力，而且在广阔的精神病学领域中，包括精神神经机能病，身心机能紊乱和精神错乱，都发挥着重要作用"。

他的研究继续取得优秀成果。赛克勒首次发现，组胺这种有机氮化合物的不平衡，与精神分裂症之间有联系，病人用药后对这种激素反应良好。1950 年他发表了一篇关于受体部位和器官敏感度差异的论文；同年，他公布了镇痛假说，并在药物疗法方面引入了激动剂和拮抗剂的概念。他的实验室"最早将超声应用于诊断（1951 年），是一次在体检中鉴别体检人是否患有精神病"。当 1954 年他首先认定胸腺是内分泌腺时，招致了医学界的嘲笑，但后来证明他是对的。

1958 年，赛克勒在长岛建立了自己的实验室。布鲁克林药学院治疗性研究实验室致力于开展赛克勒在实验医学方面的研究。他邀请两个弟弟莫蒂默和雷蒙德加入其中，但他们二人都婉言谢绝了。在那儿，他提出了全部的实验方案并且撰写科研论文，其中的 86 篇得以发表。赛克勒的实验室存续了 22 年，耗费了他几百万美元。他酸楚地提到，无论他如何卖力地填写申请表，他的实验室从未得到过一项政府或者基金会的资助。

尽管在经济上维持这个实验室颇为困难，但赛克勒仍旧继续开展着他对精神分裂症的研究。1961 年，当对慢性精神分裂症患者，同时应用蛋氨酸这种氨基酸和单胺氧化酶抑制剂时，相当多的病人产生了严重的精神病反应。尽管赛克勒不认为精神分裂症主要源自食物或维生素缺乏引起的紊乱，但他怀疑肉食有可能会增强人的攻击性。通过对小白鼠、大白鼠和猴子的实验观察，他注意到蛋氨酸在这些动物身上，会产生和不间断使用麦斯卡林迷幻剂类似的反应，尽管反应程度可能轻很多。但该实验未能最终定论。

1974 年，赛克勒发表了新发现：精神分裂症可能源自妊娠期，并可能直接和子宫内状况相关。正在经历精神、内分泌或机体功能紊乱的母亲，可能会使胎儿产生内分泌或代谢异常。生产过程可能导致的产后精神错乱和抑郁症也会带来进一步影响。但儿童精神分裂症和成人不同，而且存在性别差异。赛克勒报告说："男童患精神分裂症的概率可能是女童的 2 到 3 倍，此不同亦在所谓的儿童胸腺淋巴紊乱中被注意到。"青春期时，儿童精神分裂症可能逐渐消失，但也可能在原来未诊断出该病的儿童中显现出来。该研究还发现，精神分裂症患者罹患下列疾病的可能性降低：过敏症（比如哮喘、枯草热）、心身症（比如胃溃疡）、溃疡性结肠炎、乳腺癌和前列腺癌，而且死于冠心病的可能性也较低。当然他们还发现，精神错乱在人的衰老过程中及老年后有不同的表现。

赛克勒的研究纵贯临床疗法、对未知因素的实验测定及基础的生物医学研究。赛克勒还对营养学产生了兴趣，而当时大多数医生对营养学闻所未闻，主张"健康食品"者被视为非主流。他研究果糖。他怀疑糖会带来很多医学问题，而且会影响食品中的其他营养成分。而他认为关于糖的替代品糖精会致癌的报道是没有科学依据的。有报告称糖精会导致男性膀胱恶变，并提出禁用糖精。而要达到该报告中大白鼠的致病剂量，人得每天喝 800 瓶软饮料。赛克勒还发现，适量饮酒对人和大白鼠实际上有益，不仅可以增加有益的脂蛋白，而且还能降低焦虑延长寿命。他还说海洋不应仅用于渔猎，而应开展养殖。他还是羊膜移植和输精管切除术的先驱。除了对组胺的运用，他还对性激素和生化疗法在精神病领域的运用起到了关键作用。通过对嗅觉的研究，他得出结论，鼻子对费洛蒙的反应在性功能中发挥重要作用。他还发现，精神分裂症患者的嗅觉会有损伤。

在菲德尔·卡斯特罗举行共产主义革命的前夜，古巴总统巴蒂斯塔用著名的卡洛斯·J. 芬德利勋章，来表彰赛克勒多方面的医学成就。作为一名优秀医生，由于他在神经内分泌学领域的贡献，即传统精神疗法、内分泌学和激素研究的融合，被美国精神病学会授予主席特别荣誉奖。他曾因在精神分裂症方面的研究而获诺贝尔奖提名。很多同事都非常羡慕他的丰硕成果。正分子精神病学创始人卡尔·C. 普菲佛医生手签了一本《心理和营养元素：精神病医生营养和健康手册》（1975 年版），送给赛克勒。签字的内容是："致首开先河的人。"但他在书中并没有提到赛克勒。赛克勒指出："普菲佛在书里没有提到组胺，若非如此，他将不得不提及我。"

医海只帆

从1950年起,赛克勒开始把更多的时间投入到医学信息传播上。从1950年到1962年,他编辑了《临床和实验精神病理学杂志》。从1954年到1987年,他任医学出版公司总裁。1955年,他兼任医学广播电视公司总裁。从1955年到1987年他兼任内科医生新闻服务栏目主任。他1974年创建了一家内科医生广播网,该广播网由几家医药公司赞助,一直放送到1981年。他感觉自己在秉承古希腊名医希波克拉底的优良传统来工作,不仅为患者提供服务,还始终进行医学教化。

1950年代,赛克勒为普强制药公司制作了一本医疗手册。几年后该公司取消此项业务时,他决定把这种传播信息的方式推广至所有医生。1960年,他最伟大的梦想之一——《医学论坛报》创刊了,这是第一份面向医生的医学周报。该报纸通过广告筹资,免费赠阅给所有内科医生。那时候,这一模式是个创新,而现在它已经成为标准作法。尽管业界的许多人怀疑该报不会成功,但最终《医学论坛报》发展成了世界上最大的国际医学报业集团,在11个国家设有办事机构。该报有美国、非洲、英国、法国、意大利、德国、奥地利、瑞士、斯堪的纳维亚、日本、韩国和中国等版本,用10种文字面向20个国家的超过一百万读者发行。在还没有其他西方公司在中国经营的时候,它来到了中国。电子媒体从此扩充了中文版。该报的成功,很大程度上应归功于赛克勒杰出的商务能力。

从该报创刊,赛克勒就开始每周为其撰写专栏文章,他很快成为医学界最响亮的理性声音。这位"活着的传奇人物"被广泛认可为世界健康领域最好的全科专家。1975年,卫生部副部长特德·库珀赞扬了他的"责任感、率直和勇气"。他一直是一位独立的思想家,他的观点都基于严密的科学证据和高尚的道德标准。他写了超过500篇专栏文章,经常就争议话题发表观点,支持还未得到广泛认可的事业。他和读者共享了他对避孕药益处的怀疑,他反对禁止职业拳击。《医学论坛报》推动了车辆强制性配备安全带;在强大的烟草游说团拒绝承认吸烟和癌症有任何联系的时候,该报领导了禁烟运动;尽管许多女性,主要为家庭妇女,会"暗地里喝酒",但当时人们普遍认为喝酒是个小问题,此时该报呼吁应该适量饮酒。

赛克勒也对超感官知觉感兴趣。他相信自己有过几次超感官知觉的经历。例如,一天晚上他在剧院的时候,突感不适,接着获知同事兼老友范欧普豪伊森刚刚去世。他研读过生物学家保罗·卡默勒的研究成果。1919年,卡默勒出版了一本书,里面有100个巧合事件。卡默勒试图用"连续性定律"来设计出此类事件的"类型学"和"形态学"。爱因斯坦认为卡默勒的观点"有创见而且并不可笑"。赛克勒说卡默勒比超感官知觉理论超前了半个世纪。

赛克勒非常怀疑政府在规范科学研究方面的角色。他担心政治领导者们不能完全理解现代医学领域的问题。1974年他在《医学论坛报》里写道:"国会和政府都表达了普及更好医疗的愿望。而他们规划的那些规章制度,会给内科医生们增添更多一层的官僚制度和文书工作的压力,从而降低他们的服务效率并抬高成本。国会和政府都声称致力于保护宪法权利,而他们规划的那些规章制度,通过向第三方公开病例,实际上是对病人和医生宪法权利的嘲弄。"

他的另一些观点是保守的,而且他不怕被年轻的同事称为"迂腐先生"。他1973年坦言:"或许我很传统,但我仍认为《十诫》《希波克拉底誓言》《山中圣训》《大宪章》《独立宣言》、美国《宪法》和《世界卫生组织章程》蕴含着一些人类的最高期望。"赛克勒捍卫着人类的传统价值观。他不会因为某种最新潮流是新的并有新闻价值而接受它。他甚至为核电辩护,认为它是可行的清洁能源来源,或至少"是一种相对安全的能源"。他觉得无论煤炭或石油都不安全。煤炭会致癌而石油泄漏会污染环境。但他强烈主张安全处理核废料。

赛克勒成为了医学界最有效率、最具影响力的领导者之一。通过和来自世界各地的医

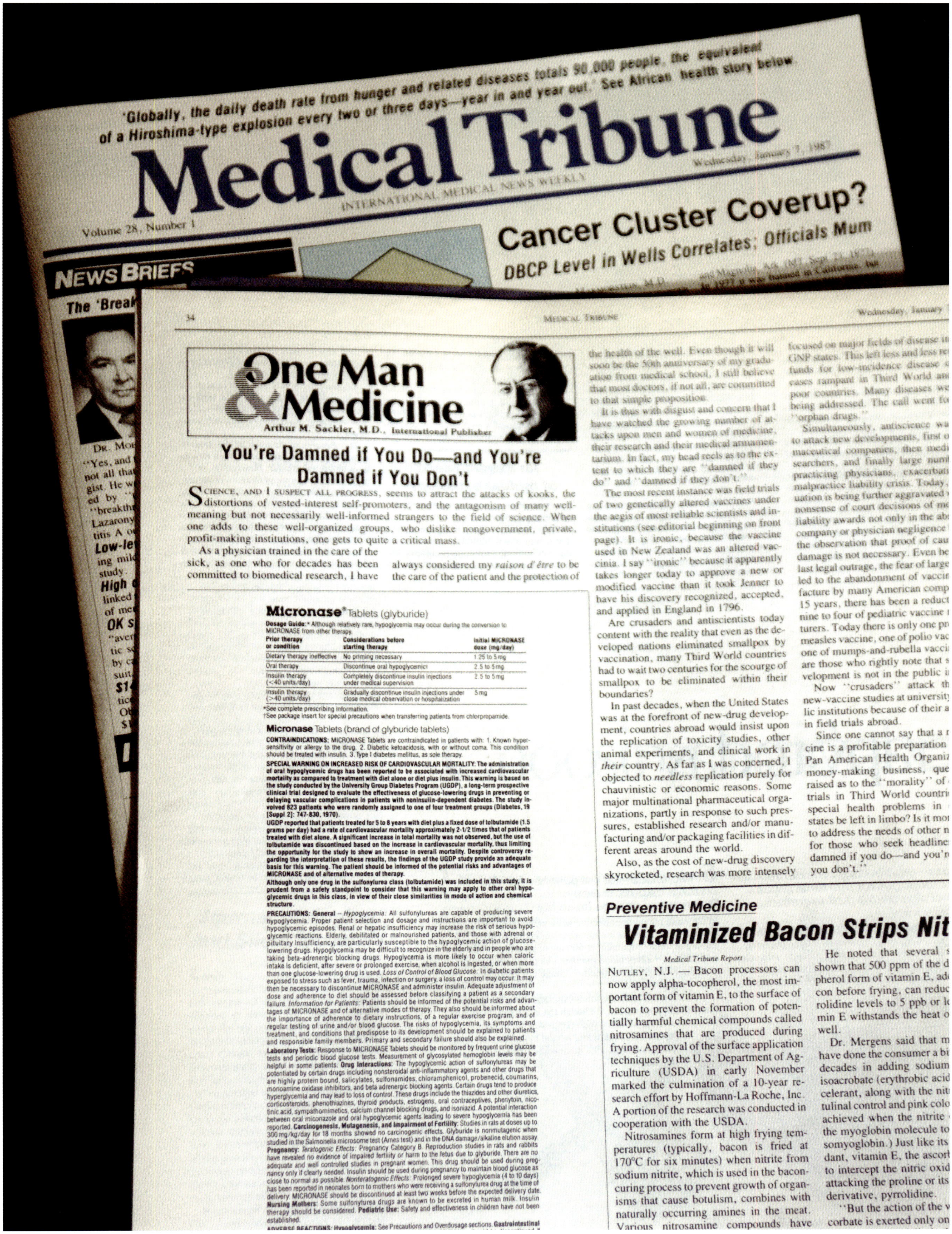

Medical Tribune

Volume 28, Number 1 — Wednesday, January 7, 1987

'Globally, the daily death rate from hunger and related diseases totals 90,000 people, the equivalent of a Hiroshima-type explosion every two or three days—year in and year out.' See African health story below.

Cancer Cluster Coverup?
DBCP Level in Wells Correlates; Officials Mum

One Man & Medicine
Arthur M. Sackler, M.D., International Publisher

You're Damned if You Do—and You're Damned if You Don't

Science, and I suspect all progress, seems to attract the attacks of kooks, the distortions of vested-interest self-promoters, and the antagonism of many well-meaning but not necessarily well-informed strangers to the field of science. When one adds to these well-organized groups, who dislike nongovernment, private, profit-making institutions, one gets to quite a critical mass.

As a physician trained in the care of the sick, as one who for decades has been committed to biomedical research, I have always considered my *raison d'être* to be the care of the patient and the protection of the health of the well. Even though it will soon be the 50th anniversary of my graduation from medical school, I still believe that most doctors, if not all, are committed to that simple proposition.

It is thus with disgust and concern that I have watched the growing number of attacks upon men and women of medicine, their research and their medical armamentarium. In fact, my head reels as to the extent to which they are "damned if they do" and "damned if they don't."

The most recent instance was field trials of two genetically altered vaccines under the aegis of most reliable scientists and institutions (see editorial beginning on front page). It is ironic, because the vaccine used in New Zealand was an altered vaccinia. I say "ironic" because it apparently takes longer today to approve a new or modified vaccine than it took Jenner to have his discovery recognized, accepted, and applied in England in 1796.

Are crusaders and antiscientists today content with the reality that even as the developed nations eliminated smallpox by vaccination, many Third World countries had to wait two centuries for the scourge of smallpox to be eliminated within their boundaries?

In past decades, when the United States was at the forefront of new-drug development, countries abroad would insist upon the replication of toxicity studies, other animal experiments, and clinical work in *their* country. As far as I was concerned, I objected to *needless* replication purely for chauvinistic or economic reasons. Some major multinational pharmaceutical organizations, partly in response to such pressures, established research and/or manufacturing and/or packaging facilities in different areas around the world.

Also, as the cost of new-drug discovery skyrocketed, research was more intensely focused on major fields of disease in GNP states. This left less and less funds for low-incidence disease cases rampant in Third World and poor countries. Many diseases were being addressed. The call went for "orphan drugs."

Simultaneously, antiscience was to attack new developments, first of maceutical companies, then medi searchers, and finally large num practicing physicians, exacerbati malpractice liability crisis. Today, uation is being further aggravated nonsense of court decisions of mo liability awards not only in the ab company or physician negligence the observation that proof of cau damage is not necessary. Even be last legal outrage, the fear of large led to the abandonment of vaccin facture by many American comp 15 years, there has been a reduct nine to four of pediatric vaccine turers. Today there is only one pr measles vaccine, one of polio vac one of mumps-and-rubella vacci are those who rightly note that s velopment is not in the public i

Now "crusaders" attack th new-vaccine studies at university lic institutions because of their a in field trials abroad.

Since one cannot say that a r cine is a profitable preparation Pan American Health Organiza money-making business, que raised as to the "morality" of trials in Third World countrie special health problems in states be left in limbo? Is it mo to address the needs of other n for those who seek headlines damned if you do—and you'r you don't."

Micronase® Tablets (glyburide)

Dosage Guide:* Although relatively rare, hypoglycemia may occur during the conversion to MICRONASE from other therapy.

Prior therapy or condition	Considerations before starting therapy	Initial MICRONASE dose (mg/day)
Dietary therapy ineffective	No priming necessary	1.25 to 5 mg
Oral therapy	Discontinue oral hypoglycemic†	2.5 to 5 mg
Insulin therapy (<40 units/day)	Completely discontinue insulin injections under medical supervision	2.5 to 5 mg
Insulin therapy (>40 units/day)	Gradually discontinue insulin injections under close medical observation or hospitalization	5 mg

*See complete prescribing information.
†See package insert for special precautions when transferring patients from chlorpropamide.

Micronase® Tablets (brand of glyburide tablets)

CONTRAINDICATIONS: MICRONASE Tablets are contraindicated in patients with: 1. Known hypersensitivity or allergy to the drug. 2. Diabetic ketoacidosis, with or without coma. This condition should be treated with insulin. 3. Type I diabetes mellitus, as sole therapy.

SPECIAL WARNING ON INCREASED RISK OF CARDIOVASCULAR MORTALITY: The administration of oral hypoglycemic drugs has been reported to be associated with increased cardiovascular mortality as compared to treatment with diet alone or diet plus insulin. This warning is based on the study conducted by the University Group Diabetes Program (UGDP), a long-term prospective clinical trial designed to evaluate the effectiveness of glucose-lowering drugs in preventing or delaying vascular complications in patients with noninsulin-dependent diabetes. The study involved 823 patients who were randomly assigned to one of four treatment groups (Diabetes, 19 [Suppl 2]: 747-830, 1970).

UGDP reported that patients treated for 5 to 8 years with diet plus a fixed dose of tolbutamide (1.5 grams per day) had a rate of cardiovascular mortality approximately 2-1/2 times that of patients treated with diet alone. A significant increase in total mortality was not observed, but the use of tolbutamide was discontinued based on the increase in cardiovascular mortality, thus limiting the opportunity for the study to show an increase in overall mortality. Despite controversy regarding the interpretation of these results, the findings of the UGDP study provide an adequate basis for this warning. The patient should be informed of the potential risks and advantages of MICRONASE and of alternative modes of therapy.

Although only one drug in the sulfonylurea class (tolbutamide) was included in this study, it is prudent from a safety standpoint to consider that this warning may apply to other oral hypoglycemic drugs in this class, in view of their close similarities in mode of action and chemical structure.

PRECAUTIONS: General — *Hypoglycemia:* All sulfonylureas are capable of producing severe hypoglycemia. Proper patient selection and dosage and instructions are important to avoid hypoglycemic episodes. Renal or hepatic insufficiency may increase the risk of serious hypoglycemic reactions. Elderly, debilitated or malnourished patients, and those with adrenal or pituitary insufficiency, are particularly susceptible to the hypoglycemic action of glucose-lowering drugs. Hypoglycemia may be difficult to recognize in the elderly and in people who are taking beta-adrenergic blocking drugs. Hypoglycemia is more likely to occur when caloric intake is deficient, after severe or prolonged exercise, when alcohol is ingested, or when more than one glucose-lowering drug is used. *Loss of Control of Blood Glucose:* In diabetic patients exposed to stress such as fever, trauma, infection or surgery, a loss of control may occur. It may then be necessary to discontinue MICRONASE and administer insulin. Adequate adjustment of dose and adherence to diet should be assessed before classifying a patient as a secondary failure. *Information for Patients:* Patients should be informed of the potential risks and advantages of MICRONASE and of alternative modes of therapy. They also should be informed about the importance of adherence to dietary instructions, of a regular exercise program, and of regular testing of urine and/or blood glucose. The risks of hypoglycemia, its symptoms and treatment, and conditions that predispose to its development should be explained to patients and responsible family members. Primary and secondary failure should also be explained. **Laboratory Tests:** Response to MICRONASE Tablets should be monitored by frequent urine glucose tests and periodic blood glucose tests. Measurement of glycosylated hemoglobin levels may be helpful in some patients. **Drug Interactions:** The hypoglycemic action of sulfonylureas may be potentiated by certain drugs including nonsteroidal anti-inflammatory agents and other drugs that are highly protein bound, salicylates, sulfonamides, chloramphenicol, probenecid, coumarins, monoamine oxidase inhibitors, and beta adrenergic blocking agents. Certain drugs tend to produce hyperglycemia and may lead to loss of control. These drugs include the thiazides and other diuretics, corticosteroids, phenothiazines, thyroid products, estrogens, oral contraceptives, phenytoin, nicotinic acid, sympathomimetics, calcium channel blocking drugs, and isoniazid. A potential interaction between oral miconazole and oral hypoglycemic agents leading to severe hypoglycemia has been reported. **Carcinogenesis, Mutagenesis, and Impairment of Fertility:** Studies in rats at doses up to 300 mg/kg/day for 18 months showed no carcinogenic effects. Glyburide is nonmutagenic when studied in the Salmonella microsome test (Ames test) and in the DNA damage/alkaline elution assay. **Pregnancy:** *Teratogenic Effects:* Pregnancy Category B. Reproduction studies in rats and rabbits have revealed no evidence of impaired fertility or harm to the fetus due to glyburide. There are no adequate and well controlled studies in pregnant women. This drug should be used during pregnancy only if clearly needed. Insulin should be used during pregnancy to maintain blood glucose as close to normal as possible. *Nonteratogenic Effects:* Prolonged severe hypoglycemia (4 to 10 days) has been reported in neonates born to mothers who were receiving a sulfonylurea drug at the time of delivery. MICRONASE should be discontinued at least two weeks before the expected delivery date. **Nursing Mothers:** Some sulfonylurea drugs are known to be excreted in human milk. Insulin therapy should be considered. **Pediatric Use:** Safety and effectiveness in children have not been established.

ADVERSE REACTIONS: *Hypoglycemia:* See Precautions and Overdosage sections. **Gastrointestinal**

Preventive Medicine
Vitaminized Bacon Strips Nit

Medical Tribune Report

NUTLEY, N.J. — Bacon processors can now apply alpha-tocopherol, the most important form of vitamin E, to the surface of bacon to prevent the formation of potentially harmful chemical compounds called nitrosamines that are produced during frying. Approval of the surface application techniques by the U.S. Department of Agriculture (USDA) in early November marked the culmination of a 10-year research effort by Hoffmann-La Roche, Inc. A portion of the research was conducted in cooperation with the USDA.

Nitrosamines form at high frying temperatures (typically, bacon is fried at 170°C for six minutes) when nitrite from sodium nitrite, which is used in the bacon-curing process to prevent growth of organisms that cause botulism, combines with naturally occurring amines in the meat. Various nitrosamine compounds have

He noted that several s shown that 500 ppm of the d pherol form of vitamin E, ad con before frying, can reduc rolidine levels to 5 ppb or l min E withstands the heat o well.

Dr. Mergens said that m have done the consumer a bi decades in adding sodium isoacrobate (erythorbic acid celerant, along with the nit tulinal control and pink colo achieved when the nitrite the myoglobin molecule to somyoglobin.) Just like its dant, vitamin E, the ascor to intercept the nitric oxid attacking the proline or its derivative, pyrrolidine.

"But the action of the v corbate is exerted only on

生和研究者商讨，赛克勒肩负起了他认为是为了人类更大利益的工作。1950年，他被任命为第一届国际精神病学大会国际研究委员会副主席。他和政府官员、医学院院长及顶级研究学者共同探讨工作，他们几乎与所有制药企业均有联系。不出所料，当药品提价的时候，关于他操控药价的谎言开始传播。《星期六评论》指责他以及与制药界有联系的其他人存在利益冲突。当报纸抱怨高药价时，赛克勒回应指出，药价中隐含有高昂的研发费用，用以确保更好的医疗效果。然而，参议员埃斯蒂斯·基福弗对此在国会中挑起了越来越强烈的愤怒。1951年，这位来自田纳西州狂妄的浸礼教民主党参议员，为此举行了面向广大观众转播的有组织犯罪听证会。野心勃勃的基福弗，利用他忽然获得的反犯罪斗士的全国性声望，寻求民主党提名他为美国总统竞选人。1956年，这位南方参议员以阿德莱·史蒂文森副手的身份参选，结果被艾森豪威尔和尼克松击败。

保住了参议员席位后，基福弗于1957年被任命为参议院反托拉斯和垄断委员会主席。这回他盯住了制药企业。以"整顿制药企业"为借口，他发起了针对制药企业的讨伐，他妖魔化制药企业，指责它们通过垄断来占取美国病人的便宜，从而满足自己无限的贪欲。早期听证会的宣传指向的是（用赛克勒的话来说）"用以攫取政治利益的宝库"。基福弗是个可耻的煽动分子，他利用自己的权力来恐吓健康领域的每一个人。赛克勒在《医学论坛报》上回忆说："听证会隐含着一系列含沙射影的攻击——'埋藏'在反垄断的宣传中。暗指执业的内科医生要么是傻瓜，要么是无赖，而医学科研工作者和科研文章也不值得信任。还暗指存在药品试验受试者受侵害现象，以及其他药品滥用的情况。"

参议院听证会从1959年拖到1962年，其间，健康产业的领导者们时常被召到听证会作证。1961年，参议院反托拉斯和垄断委员会终于传唤到了赛克勒和他的弟弟们（他们那时在经营著名为普渡·弗雷德里克的家族制药企业）以及比尔·弗罗利希到参议院作证。那是一个麦卡锡主义的猎巫年代，制药领域里人人自危。弗罗利希逃到了欧洲。赛克勒提出由他来承担听证会对整个行业的严苛质询，同时他也承担了全部律师费用。他为此咨询了克拉克·克利福德，全国知名的成功律师。早在赛克勒购买麦克亚当斯广告公司时，他们俩就初次相识，克利福德那时在该公司任职。因为他曾多年任杜鲁门总统的私人律师，所以了解华盛顿政坛的底细。

赛克勒没有任何需要隐瞒的东西，他也清楚地知道事实。他认为基福弗是个无知、堕落的恃强凌弱者，所以他选择勇敢地面对他。在质询期间，赛克勒对基福弗使用两年的一条不实指责发起了挑战：基福弗说，比例很高的病人由于医生滥开处方药物而身陷医院。赛克勒指责该委员会把研发和推广新一代药品的公司当成了替罪羊。为了给这些公司辩护，赛克勒引用了"典型的使命导向型科学家"路易·巴斯德的话："最高层次的纯正科学，迟早会给运用它宝贵成果的行业带来收益，否则它将无法发展。"这次严峻考验花费了纳税人的巨额钱财，但听证会最后没有证实发生过任何违法事件。

基福弗听证会的结果是政府加强了监管。赛克勒报告说："繁文缛节泛滥、毫无必要的限制、无谓的重复试验、高额的律师费以及随之而来的巨额成本，正在迫使小企业离开制药业。小的非专利药品厂家面临消亡。如此一来，原本打算要反垄断的立法，正在导致垄断的发生。更糟糕的是，被大肆吹捧的反制药业法规，在规范了一个制药企业之后，现在开始无情地走向控制医疗实践和生物制药研究等领域。"

美国食品和药物管理局主任詹姆斯·L.戈达德的观点是"医生很容易受骗上当，而制药公司会企图欺骗他们"。1966年，他发布了一份《关于批准政策的声明》。同年，公共卫生局发布了第一份《保护试验受试个体条例》（针对的是塔斯克基地区黑人梅毒试验）。约翰逊总统任命的戈达德，重组了食品和药物管理局，并且引入了许多新法规。赛克勒认为所有这些新政府颁布的规章是一个大倒退。他说，基福弗之前的法律，已经提供了监管药品安全的基础。他想不明白："有清晰的历史参照，为何社会学家、自由民权主义者和左、右两派的卫道士，还会如此轻易地授权给那些极易犯错误的政府官员，而这种权力可以影响众多患者的生与死。"他坚持认为："没有任何证据可以证明，应该更相信政府任命的官员或政府机构，而不是那些在传统、培训和职业角度，都视照顾患者和临床研究为其存在理由的医学专业人士。"

尽管赛克勒安全通过了基福弗听证会，但他的麻烦并没有完。有谣言称，他操控了L.W. 弗罗利希，并从中大笔获利。后来，弗罗利希被曝他自己正是这些谣言的始作俑者，他觉得通过攻击赛克勒，可以方便地解决任何问题。那时候，赛克勒还不知道这个朋友的虚伪和奸诈。当初若没有他帮助，就不会有弗罗利希的公司，而且他还给该公司介绍过生意。在基福弗调查中，赛克勒也保护了弗罗利希。他甚至还给弗罗利希推荐过艺术品，这些艺术品后来增值巨大。弗罗利希是接受过赛克勒在生意上无私帮助的人之一，而赛克勒未从中谋求任何私利。

在这段紧张岁月，想保持稳定而普通的家庭生活并不容易。他旺盛的精力和对新思想的追求，使他可以把握遇到的任何机会。当他陷入与玛丽埃塔·卢策的恋情之后，他的第一次婚姻于1949年结束了。玛丽埃塔的家人是从德国纳粹那里逃出来的。当玛丽埃塔怀孕后，埃尔斯在墨西哥同意和赛克勒快速离婚。赛克勒是位出众的进取者，埃尔斯接受了这点，她感到自己已无法跟上赛克勒的脚步。赛克勒对此非常感激，并和埃尔斯平分了所有家产。赛克勒说，毕竟自己将来还可以挣更多。他们此后一直保持朋友关系，赛克勒也常常去看她还有他们的两个女儿。直到赛克勒生命的尽头，他几乎每天都给埃尔斯打电话，以确保尽量满足其所需。

赛克勒和玛丽埃塔的儿子亚瑟·费力克斯于1950年出生。五年后，他们迎来了女儿丹尼丝。一家人搬入了新建的曼哈顿联合广场里一座视野很好的顶层豪宅。赛克勒和玛丽埃塔有很多共同点。他们不仅同为医生和精神病学家，而且也都拥有自己的制药公司。玛丽埃塔的父亲去世后，给她留下了德国的一家名为卡得医生的小型制药公司。她母亲想要以10万美元卖掉它，来分享这笔钱。但赛克勒劝说玛丽埃塔继续持有这家公司，并帮助她把它经营得收益很好。1958年，两人离婚。

当赛克勒的父亲罹患癌症去世后，他安排母亲到世界各地旅游散心，而且还经常陪伴在她身边。在赛克勒频繁的欧洲之旅中，他喜欢搭乘大型的远洋客轮，尤其是法兰西号。有时他会带上前妻埃尔斯和女儿。他喜欢跳交谊舞，在这些跨大西洋的旅途中，他会陪二女儿伊丽莎白跳舞。有一年夏天，他去法国进行了一次美食之旅，拜访了一些非常好的餐馆，并把里昂作为旅途的重点。他穿越了法国南部，游历了拉斯科洞窟，并在安提普海角购买了一套地中海海景别墅。

他频繁地前往欧洲，目的之一显然是视察《医学论坛报》在那里的办事机构，当然也为了拜访朋友，参观博物馆和画廊，购买艺术品和服装，另外还要品鉴一下那里新开的餐馆、俱乐部以及演出。1956年，由于赛克勒太忙而无法离开纽约，他在最后时刻取消了搭乘意大利豪华游轮安德烈亚·多里亚的旅程。赛克勒是如此幸运，这艘船，于7月25日晚11点10分，在离南塔克特大约50英里的地方，在浓雾中和另一艘远洋客轮发生了碰撞，导致1700名乘客中的51位身亡。

1967年他在一次去伦敦的时候，行经L.W. 弗罗利希的公司时，拜访了该公司的总经理，前妻的兄弟查尔斯·路易斯。就是在这儿，赛克勒遇到了他未来的第三任妻子姬莉安。她那时是该公司的人事经理。次年，赛克勒频繁前往伦敦。不过很快，姬莉安就搬到纽约与他团聚了。

赛克勒对做生意的兴趣越来越淡。生意上频繁的出差令人疲惫。与生意伙伴合作的高昂热情也日趋淡化。赛克勒在业界的地位如此之巩固，他甚至会帮助他的竞争对手，然而对手们却并不会投桃报李。他给予了客户们巨大的帮助，却发现他们大多数既不领情，也不大方，还要两面派。他也常常对自己员工的表现失望，因为他们无法达到他的严格要求。他曾任用自己的一位老友为麦克亚当斯公司的总经理，并给予其远高于其能力的高薪，而那人却通过和不良印刷公司签订合同，收取了数百万美元的回扣。获知此事后，赛克勒对生意愈加失望了。那个"朋友"悄悄地离开后，公司另聘了一位总经理。赛克勒急切地盼望着把公司从那份伤筋动骨的印刷合同里解救出来。

赛克勒慢慢从公司的日常事务中抽身而出。除了和公司最大的几位客户还保持联系外，若非有危机事件需要处理，赛克勒不再涉及公司业务。他仍然坚持阅读医学文献和有创见的论文，而且还关注着《医学论坛报》在世界各地的发展，并为其撰写每周专栏。他这时候的主要兴趣在于自己的科学研究。后来，他的儿子亚瑟·费力克斯和女儿伊丽莎白接手经营《医学论坛报》，这使他既高兴又骄傲。伊丽莎白任职期间出色地将赛克勒的每周专栏汇编成册，起名为《医海只帆》。赛克勒一直希望子女们从医，大女儿卡罗尔成为了一名医生。

赛克勒以《医学论坛报》为骄傲，因此要确保该报遵循最高标准。他从不允许他的个人利益干扰报纸的内容，也从不会放过制药企业的违规行为。当医学研究结论不准确或结果被歪曲的时候，他会毫不犹豫地予以曝光。他经常质疑那些所谓的监督机构的真实目的，在政府愈演愈烈的误导性攻击中，捍卫了医药界。他冒着被逮捕的危险，曝光了美国军方的丑闻，指其冒科学之名，行不道德之实。

《医学论坛报》曾爆料蒂莫西·利里教授给学生服用麦角酸二乙基酰胺（LSD）。这种化合物是瑞士化学家阿尔伯特·霍夫曼于1943年偶然发现的，它由麦角菌提炼而来，已被证明是最强的迷幻剂之一。有些科学家认为该化合物可能有效治愈精神错乱、癫狂和抑郁症的功效。由于一次走私酒精饮料丑闻，利里被迫从西点军校辞职，其后他被哈佛大学聘为社会心理学教授。在"激发热情，内向探索，脱离体制"的口号下，利里给他的研究生服用迷幻剂，并鼓励其记录自己的体验。赛克勒对此极其愤怒，并发起了针对这种无良做法的勇猛攻击，直至该迷幻剂终于在1966年被禁。利里也由于《医学论坛报》的这次斗争，而被哈佛大学解聘。但他仍然明目张胆地用迷幻药狂欢，组建社团并肆意分发这些非法药品。最后，他被逮捕入狱并被判30年监禁。但最高法院却推翻了这一判决。他甚至还以大麻合法化和收大麻税为平台，与罗纳德·里根竞选加州州长。尽管赛克勒同意，大麻的毒害逊于酒精和其他成瘾的麻醉品，但他绝不赞同利里的伪科学的方法。

从创刊起，《医学论坛报》就一直勇敢地和酒精饮料、烟草以及军火做斗争。赛克勒把这三样东西称为"死亡和残疾的三驾马车"。赛克勒认为，由同一个部门来监管这三样东西是可笑的。他呼吁美国食品及药物管理局，要求其推动隶属于财政部的酒精、烟草和军火局，把酒精列为危险药物。赛克勒辩论道："在年轻人当中，酒精是第一个，很可能也是最重要的一个会被滥用的药物，而且它可能还会把年轻人引向其他成瘾毒品，导致多种毒品滥用。从经济上看，火灾和家庭事故导致死亡与截肢。据估计，由于酗酒每年会损失四千四百万个工作日。政府看上去在如此大力度地'搜捕'非成瘾、非致癌、非神经毒性和非心脏毒性药物，对酒精却并不关注，但实际上它却是美国可预防的致死和致残率最高的两种原因之一。"

当财政部酒精、烟草和军火局宣布，不要求酒精饮料标签上列明成分的时候，赛克勒在1975年写了一篇尖刻的专栏文章，文章称，他很吃惊政府竟然逃避责任，无视酒精显而易见的成瘾可能性和药理及毒性作用，为它"施洗"而正名为食品。"有九百万美国人对酒精严重成瘾，而酒精却被称为'食品'；同时又监管处方药物，其中有些药物对于治疗酒精中毒很重要。这简直是明目张胆的虚伪之举，是根本不合逻辑的闹剧。"赛克勒同时指责该局对烟草和军火监控不利，它们是另外两个杀人和致残的元凶，原因是它们的销售额很高，正如酒精一样，会带来高额的税收。赛克勒提议："考虑到财政部不是'有利益冲突'，就是有'观点冲突'这一事实，这一问题更适合由卫生、教育和福利部（该部的资金都为应对这些危险品而消耗殆尽了）接管。"《医学论坛报》从未放松过对人类社会上述三大威胁进行的讨伐。

1979年，赛克勒指责美国食品及药物管理局，认为它对亚硝酸盐和硝酸盐的攻击是"立法机构和政府监管机构的最新表现，而虚伪的宣言和玩世不恭的职责推诿，已经成为这种表现的固定模式"。他认为："美国人民面临的最严重的潜在致癌物之一是亚硝胺［存在于烟草、腌渍或熏制的肉食内］，政府监管部门很早以前就已知道这一事实，但该事实却被立法和监管部门非法避开。抗坏血酸盐或抗坏血酸可以降低亚硝胺类物质的毒性，这类简单的处理方法也已存在，但立法和监管部门却忽略了它们的职责。"赛克勒认为，此时避开亚硝胺，而指责亚硝酸盐和硝酸盐的做法是拙劣的。

1968年，保罗·埃尔利希所著的《人口炸弹》一书引爆了一场针对世界范围内人口增长失控的社会革命。"人口零增长运动"鼓励人们自愿绝育，从而达到人口零增长的目标。赛克勒认为，决定家庭人口数量的是经济因素（即贫困家庭仅能依靠多生孩子，来谋求经济保障）。因此，当较发达国家的人口出生率下降的时候，其他国家的人口出生率反而在增长。赛克勒对此批驳说，"人口零增长运动的狂热分子歪曲了事实"，误导了公众和政府的注意力。更应受到关注的是公共卫生和其他一些目前亟待处理的社会问题。他对生产更好食物的新技术进行了论述，希望粮食短缺不再成为急需解决的问题。

赛克勒认为非自愿绝育"令人厌恶"。他关于输精管切除术的研究表明，该手术并非像宣传的那样"在生理学上毫无问题"。"自愿绝育联盟"的观点是"相比其他避孕措施，输精管切除术的副作用最小"。赛克勒对此提出质疑，并要求该联盟进一步明确自己的观点。他同时指出，他不相信子宫帽和避孕套会产生血肿、附睾炎、感染、精子肉芽肿、精子抗体、血栓性静脉炎和肺栓塞这些副作用。该联盟也承认无法证实这种因果关系。1976年赛克勒写道："没有任何医学或公众媒体，抑或是我们的卫生部门或者是国会，质疑过输精管切除术的安全性。即使是最简单的手术，第一位的要求也是安全性。安全性的重要性甚至要超过疗效。在没有任何实质性证据证明其安全性之前，人们怎么能接受这一基本上不可逆的自选性手术呢？"仅仅几年之内，数以百万计的美国人做了这一手术，赛克勒对此表示震惊。

《医学论坛报》是最早一家报道乳房肿瘤切除术和乳房切除术治疗乳腺癌具有同样效果的学术媒体。该报曾在其封面上报道过一个β受体阻滞剂病例，多年以后，全国性媒体对此才有报道。该报还多次发表述评反对吸烟。1975年该报指责："没有任何政府部门来禁止把民众暴露在已证实的致癌物中。相反，美国政府不仅不限制诸如香烟这种致癌物的销售，实际上还补贴烟草的种植。"

赛克勒以从事医疗行业而自豪。他说，世界上的医生不是太多，而是太少。他对医生们非常尊重。他认为医生们经常成为紧追医疗案件的律师们的牺牲品，哪怕一个最无足轻重的法律案件，医生们都不得不花重金进行辩护。他坚持认为，相关法律事务的开销，是推高医疗费用的主要原因。他说："就'医疗事故保险'而言，最终付费的是患者。有观点认为，既然多数情况下医生会胜诉，为何还为此抱怨？需要指明的是，因为高昂的辩护费用，一桩医疗事故案件即便胜利，也要付出巨大代价。这些费用都要由那些倾向于诉讼解决，而其诉求又不合理的患者承担。这些患者需要的是医疗，他们希望能体面地从现代医疗中受益。在美国，医疗事故责任所带来的灾难并不仅限于保险费用，它还导致医生们行医过程中不得不顾及自我保护，如此而来的开销会超越保险范围……患者最终得为此买单。"

赛克勒认为，关于医疗，医生和患者都应该记住如下这些重要的逻辑。

1. *最好的药物是预防性药物。*
2. *最低的医疗开销莫过于自己不生病。*

3. 最高的医疗开销莫过于住院。
4. 不管是癌症还是糖尿病，冠心病还是卒中，当患者入院的时候，最佳医疗时机已经过去。
5. 环境以及社会和个人行为在疾病中扮演重要角色。
6. 几乎全部重要的疾病预防因素，都更依赖于患者自身，而非医生。

赛克勒相信，患者应该和医生共同努力，来维护自己的健康。他提醒民众："相当多的肺部疾病、心脏病以及其他慢性病，都是由吸烟造成的。酒精会影响机体功能和营养，还会导致家庭问题，它是高速路事故和火灾中致死的罪魁祸首。在美国，肥胖所造成的问题可能并不比饥饿造成的问题少。难道我们的社会真的已经发展到了这个阶段了吗？我们自己仅有权利而没有义务？亲爱的患者们，你们的医生是你们最好的朋友之一，请不要成为自己最大的敌人。"

赛克勒指责外行媒体攻击科学和医学界。他们为了扩大发行量，一直在鼓动对立的医患关系。赛克勒"震惊于那些违反科学精神者的无理取闹愈演愈烈，震惊于那些欺世盗名的'民众十字军'要为医疗界臆断是非。这些野心勃勃者希望通过把患者和医学研究工作者对立起来，从而博取大众关注或捞取政治资本。成千上万条性命便由此而陷入危险境地。与基础研究相对而言的应用研究也会遭人贬损，这些自大的学术小人简直令人称奇"。赛克勒引用了巴斯德的话进行反击："没有，一千个没有。根本没有可以叫做'应用科学'的科学。只有科学和对科学的应用，二者之间的关系就像果实与结出果实的果树之间的关系一样。"这些外行媒体不去报道众多的"可证实的手术治疗"，而去集中报道"少数被称为'不必要的手术'，他们还不负责任地臆断并鼓噪，说成千上万的患者死于医疗事故"。赛克勒承认，有的时候，医生的确会犯错误。但患者需要他们可以信赖的医生。那些热衷于耸人听闻的媒体，加之那些"民众十字军"，几乎使医患信任难以存在。因为主流媒体对重要医疗新闻几乎总是疏于报道，赛克勒非常失望，他索性创办了自己的医学新闻传播公司——国际医学新闻服务社。

通过《医学论坛报》，赛克勒要求改进公共卫生政策。理性并非总是立法的主要动因。他担心"当今这种反科学精神的氛围"，是由一些宗教和政治的狂热分子造成的。1975年他写道："这种良心的论争，这些社会和司法问题的冲突正在积累，民众个人思考和为自我而行动的权利，会越来越多地受到干涉。而对于一个科学家来说，这是他行使负责任的科学探索权的基础。"赛克勒担心美国正在采取一个错误的立场。为此他警告说："通过监管、立法和诉讼，攻击和限制研究工作，不仅否定了科学家们探索的自由，最终还会否定人的生命，造成数以百万计的患者丧失健康。"

1973年，英国新成立了一个"科学与社会委员会"，借以促进公众对该委员会认为重要的科学领域的进展进行讨论。赛克勒认为，人类最伟大的具有社会责任感的行为指南之一，大概要算希波克拉底誓言。那时，他指责英国"工党"不接受"希波克拉底誓言的理念（认为其陈腐），不同意由科学家自己做出决定（认为其危险），不能对整个社会体制进行积极改革（认为这超出了他们的能力）"。赛克勒一直认为，社会体制应该不断进化，从而应对当前的挑战。如果制度不能负起这份责任，那么结果不是积极改革，就是革命。他相信，很多决定，尤其在科学与卫生领域，以及大部分技术领域，也许还包括经济领域，都应该由科学家做出。他害怕把权力赋予律师、政客和政府，认为他们会颠覆个人的权利，而这些权利恰恰是人类所有伟大宣言的核心内容。

赛克勒相信，健康权利也属于基本人权，但他怀疑这一权利正遭受政府的干扰。他反对国有化卫生系统。1975年他写道："我宁愿把我和家人的健康，寄托在医生同僚们的仁慈和判断之上，也不愿寄托于国家。我迟疑于把我们的整个卫生体系，我们的医生和医院，我们药剂机构和医疗程序，托付给政府的官僚部门。他们低下的效率，在邮政和其他服务的恶化中已有体现。过去 200 年中，权力的制衡一直是我们国家生活中的基本特点，而政府的官僚体系越来越漠视这一基本制度。"

赛克勒时常会挑战美国食品和药物管理局。他说："超越逻辑的主观主义统治着该机构。如今的医生们，需要在身边常备律师团和法律图书馆，但即便如此，也很难和该机构周旋。"该机构正式宣布肾上腺皮质提取物已经过时，并将其清除出市场。赛克勒对此持有怀疑。他觉得这否定了人和多数哺乳动物的生理规律，简直就是傲慢的乱弹琴。"现在想象一下，这些一贯空谈非专利药物的官僚们，这些夸夸其谈反对专利药物的官僚们，这一回又宣布肾上腺皮质提取物这种生理物质，一种真正的、内生的非专利药物，过时了而且无用了，因此宣布这一新药不符合美国食品和药物管理局的规定。过去几年我曾经说过，幸亏胰岛素、性激素和甲状腺素的发现，早于美国食品和药物管理局成为生理和医疗界的裁判。要是该机构颠倒黑白，那么黑白就被颠倒了，就这么简单。"

赛克勒曾抱怨，由于无休止的检测，患者急需的一些非常安全的药物（比如抗癌药物苦杏仁苷）被拖延上市。他说："当面临死亡的患者去外国求医的时候，当我们的法律把某种据称有抗癌效果的药品，变成仅次于毒品的第二大走私货品的时候，一定存在某种严重问题。"当美国食品和药物管理局的发言人指出，苦杏仁苷的"利润高于海洛因"时，赛克勒反驳说："几乎每天都会见到规章制度带来危险的副作用和不一致，而目前我们的食品药品法律、食品和药物管理局的规定，及其毫无理智的贯彻执行，尤为令人痛心。到了该采取些措施的时候了。我们废除了禁酒令，因为根据禁酒令，数以百万计的美国人会被定义为罪犯。而某些法规正把癌症患者变为罪犯，把希望变成罪行，所以有更充分的理由废止这些法规。"

尽管赛克勒对美国食品和药物管理局有过很多批评，但 1977 年该机构面临彻底裁撤压力的时候，他仍然能够为其辩护。该机构对沙利度胺镇静剂的研究，尽管缓慢但却是正确的。其他一些国家过于草率地批准了该药物，把它当成了治疗孕妇晨吐的神药。它被认为是安全的，德国甚至在 1957 年把它定为非处方药。然而，德国和澳大利亚的医生们很快发现，海豹肢症的患病率升高了，而沙利度胺镇静剂最终被发现是致病原因。直至 1962 年该药被禁用，共有一万名先天残疾的儿童出生（多数在欧洲），而在美国仅有 40 例该病患者。美国食品和药物管理局一直未批准该药在美国销售。1960 年，联邦审查员弗朗西丝·奥尔德姆·凯尔西医生，阻止了对该药的批准。她的远见得到了称赞。

因为允许生产药物的厂家自行检验，而非由公正的外部机构检验，美国食品和药物管理局受到了批评。赛克勒认为，如果制药研究可以得到证实，这么做也未尝不可。能找到其他办法吗？理想情况下，美国食品和药物管理局应会直接监督这些测试。但是它的预算捉襟见肘，而且还充斥着官僚作风。尽管如此，赛克勒仍坚持认为，美国拥有世界上最安全、监管最严格的处方药流通体制。但由于网上售卖假药或其他医疗服务的问题，这一体制目前已经受到了削弱。

赛克勒对节育的观点也颇受争议。他 1975 年警告说："如果要限制堕胎，最受伤害的不会是医生，也不会是富人或教育良好者，只会是那些极其敏感而淳朴，受教育不足而且贫困的病人。"而对口服避孕药，赛克勒反对针对数以百万计的妇女，进行规律性的内分泌干涉。他认为政府采取的是双重标准，这在科学界是无法接受的。政府一方面迅速地批准大量的口服避孕药上市，而另一方面又几乎禁止新的心血管药物上市。开始，他提醒妇女们要选择性地使用口服避孕药，而且一次连续服用不要超过 9 个月，否则后果可能会很严重。当越来越多的报纸头条宣扬"性解放运动"及其对妇女的好处时，赛克勒修订了他的立场，他说他并不反对这一运动。但是，如此规模宏大的社会变革"必须有利于而不是有损于个人权利以及生活的满足感，而且代价必须合理，当然也不能增加生命和健康的风险"。

关于政府对科学界的干涉以及对科学家的限制，赛克勒表达了更多的不满。CT 扫描仪是个"伟大的科学成就"，但由于"一群憎恨公司获利胜过喜欢患者改善者"从中作梗，CT 扫描仪却成了其发明人和开发者的财政灾难。赛克勒对此深感震惊。最终，CT 扫描仪被证实是公众的福音而非负担。赛克勒断言："我们的政治结构，容易受到政客们以及不负责任的消费者至上主义者的操纵。这一政治结构重视的是负面而非正面的行为。"每个人都在抱怨高涨的医疗费用。赛克勒预测，医疗费用是可以降低的。"要减少浪费；减少而非增加政府监管；建立合作而非对抗的医患关系；要认识到行医过程中，医生为自保而采取的防御性治疗，推高了治疗费用；要正确认识花销的增长和过高的预期；而抹黑医生，推迟批准新药入市，否定重要的生活方式变革，尤其是营养方面，都无助于降低医疗费用。"

一些政治和科学领域的煽动者，寻求限制科学家的研究权利，阻止他们进行 DNA 研究等急需进行的研究，他们事实上也得逞了。赛克勒和他的《医学论坛报》对其发起了挑战。尽管他获得了洛克菲勒大学校长、诺贝尔奖获得者乔舒亚·莱德伯格和其他一些杰出科学家的支持，但赛克勒承认："我们无论人数和影响力都还不够，不足以阻止这种倒退，阻止他们为科学研究强加毫无必要的限制。科学研究本该是自由社会中的一个自由的负责任的进程，但每当政治煽动家和为数不多的自命为'公共利益倡导者'的人，一次又一次地把他们的意志强加其上的时候，我们都会看到破坏性的效果。"

1977 年，赛克勒提出质疑：在我们面临世界范围的饥饿和营养不良问题的时候，对环境问题的恐惧是否现实。当甜蜜素被定义为危险添加剂的时候，成千上万箱毫无问题的各种食品要么被倒入大海，要么被埋入地下。当从美国食品和药物管理局前任局长查克·爱德华处得知此消息的时候，赛克勒感到深恶痛绝。他认为，当人们正急需食品的时候，这种毫无必要的破坏食物的做法令人厌恶。后来，甜蜜素被认定并不会致癌。赛克勒同样也反对歇斯底里地煽动对杀虫剂安全问题的担忧。赛克勒问道："会有这么一天吗，为了真正拯救性命，消费者至上主义者、环保主义者和公共卫生倡导者们，避开那些煽情的标题，诚实地、科学地面对问题？"

收藏里的科学

与其对科学的禀赋相匹配,赛克勒对艺术有一种自然的亲近感。赛克勒的朋友,约翰·霍普金斯大学神经科学系主任所罗门·斯奈德评论说:"许多人认为,科学和传统的艺术创造涉及不同的思维进程,但实际上共性还是多于不同的。我认为,这一点在赛克勒对生物精神病学所作的重要贡献上面,体现得尤为明显。"赛克勒一直把科学研究当成自己恰当的归宿,他的医学信息传播帝国,对于增进世界健康水平作出了重大贡献。他经营的企业不仅使自己的家庭脱离了贫困,也使他接下来的创造性活动成为可能。

同时,赛克勒沉浸在与生俱来、终生如一的对艺术的热爱之中。他认为:"希伯来训条'上帝只有一个'或许在当今可以附加上一个新的训条,即,人也只有一个,而且他所有的科学也只有一个,他的艺术和科学也可统一为一个。"科学和艺术的这种并列令他着迷。他坚持认为:"科学和艺术的根基紧密相连。即便在史前,萨满教巫师,或称药师,也会用带有精神疗法意味的咒语,来加强他的草药和其他医疗方式的效果,并将绘制在洞穴的绘画以及宗教仪式面具上的雕刻应用于其巫术中。"他总结道:"各种文化都依赖于智人的两个基本特点——观念和以激情来体现、以规矩来成型的形式。"这在科学与艺术中都同样如此。他说:"今日我相信,艺术和科学是同一枚硬币的两面,艺术是一种靠修养来追求的激情,而科学则是需激情来求索的修养。我相信,今后数年的重要工作就是把艺术、科学和人文统一起来。"统一成何种形式无关紧要,合成一统才是终极目标。赛克勒说:"伟人们已经尝试把理论统一起来,并且已经指向了一种统一,就像爱因斯坦和毕加索所追求的终极目标一样。在我看来,基本元素都来源于人类对事物的分析,不管这种分析是否像爱因斯坦和毕加索那样是直觉的,还是以精确的科学定量为基础的。不管走哪条路,这些探索最终都会把人类的心灵引向一统。"

赛克勒在文艺复兴中找到了很多科学和艺术相互依存的例子。从"伽利略望远镜的精美造型,到达·芬奇解剖和绘画的科学精准。他在温莎城堡的皇家收藏中,第一次看到达·芬奇的画作,他从未忘记这对他的影响;他在牛津大学阿什莫林艺术和考古博物馆中,有幸把它们亲手捧在手中,他也不会忘记那种震撼。就在那里,他还研究了一组不可思议的收藏,米开朗基罗的解剖素描作品,他注意到,艺术家对复杂动作中裸体形体的研究,似乎预示了塞尚的《沐浴者》和马蒂斯的《生命的欢愉》将会出现。赛克勒认为米开朗基罗更属于20世纪,而不是他自己的年代,因为许多现代艺术原则都可以溯源到他的经典艺术品,尤其是雕塑。赛克勒认为,米开朗基罗在西斯廷教堂天顶上的绘画,以及后来罗丹的雕塑,"都通过对人形体的赞美,颂扬了人智慧的复兴"。

二战后,赛克勒曾试图聘请巴勃罗·毕加索、马克·夏加尔、劳尔·杜飞和胡安·格里斯,请他们用绘画或雕塑描绘科学史。但当时他们每个人,包括赛克勒自己,都很忙。后来,赛克勒去法国南部找到毕加索,和他探讨能否作画来纪念纳粹对犹太人进行的大屠杀,但毕加索婉拒了。

赛克勒在夏加尔那里获得了更多的成功,两人后来成了好朋友。1940年代,赛克勒第一次虔诚地参观了这位著名艺术家在纽约市西部的画室。夏加尔是从希特勒控制下的欧洲被营救出来的一位犹太艺术家,当时在曼哈顿避难。这位朴实、诚恳的绅士,尽管经历着颠沛流离的生活,先逃至苏联,然后行经纳粹占领的法国,"仍用'爱的色彩',在艺术的幻境中,描绘并提升着人类的精神"。"他对美、对光线、对爱的感觉,为他战胜了疯狂的生活。"赛克勒对夏加尔的绘画彻底着迷了,"他的画作不仅生动,而且轻灵,总是反复运用象征手法。他的作品对花儿的描绘极为传神,花香也被用最纯净的颜色,以几乎喷薄欲出的形态表现了出来。"夏加尔"对世界的精神领悟,不仅突破了色彩的窠臼,而且也超越了重力乃至其他相对关系的桎梏"。

1978年,在贝尔维尤医院举办的一个精神病患儿绘画展上的作品,也让赛克勒感觉到了夏加尔画作里的那种"持久的轻灵感和反复出现的象征意义"。当他问夏加尔是否看过该画展的时候,夏加尔问道:"你是不是认为我也疯了?"身为医生的赛克勒答道:"当

古罗马塑像(残存的)躯干

然不是。我感兴趣的是让普通概念上的形式获得自由。"后来夏加尔告诉赛克勒，巴黎的一位精神病医生真的以为他疯了。这位画家告诉赛克勒："巴黎的那位医生认为这些画有精神分裂症的表现。但他搞错了……玩笑最后开到了他自己头上……他成了我作品的最好的收藏者。"

夏加尔返回巴黎后，每当赛克勒来到巴黎，都会来拜谒这位伟大的现代画家。对赛克勒来说，夏加尔对美、对光线、对爱的感觉，为他成功地战胜了疯狂的生活。尽管"他被很多人认为是艺术天才"，但"他仍保持着未被宠坏的好脾气，有着孩童的直率与热情。夏加尔有着天使般的敏感，不是那种巴洛克式过分装点的天使，而是一位成年的天使，年事已高已过古稀的天使"。法国以夏加尔的名字命名了一座博物馆，用以庆祝他86岁生日；而当他90岁寿辰的时候，还为他在卢浮宫举办了专属他一人的画展。赛克勒非常高兴，这位令人钦佩的艺术家"能够被如此褒扬。毕竟我们处在一个有恐惧和暗杀的时代，一个既有超音速飞机，又有超级恶魔般仇恨的时代"。夏加尔的"光与爱的信息"传遍各地，从耶路撒冷的医院，到巴黎歌剧院的天顶，再到纽约林肯中心大都会歌剧院的围墙，还有每一座西方的艺术博物馆。

收集漂亮东西的热情一定是天生的。尽管各个年代都有许多人有收藏这一癖好，但却很少有人具有足够的甄别判断能力，收集来自世界各地的藏品。赛克勒开始收藏艺术品的时候，还只是一个穷困的医学生。当他拥有了更多的财富和知识后，他的收藏范围也从美国本土艺术转移到印象派画作、雕塑，以及文艺复兴前的艺术品。他喜欢自由的、带有速写风格和印象派气质的艺术作品。对他来说，徜徉于商店或画廊来寻宝，或直接从其他收藏家那里获得艺术品，真的不过是个业余爱好，虽然耗资不少，但仍然是个业余爱好。对收藏来说，深度是关键。赛克勒认为应该补全一项收藏中的每一个缺项，有了脉络，一项收藏才能成型。他解释说："要了解一种文明、一个社会，你必须有足够多的材料。只看毕加索和亨利·摩尔的作品，你无法了解20世纪的艺术。"

赛克勒有双天赐"慧眼"。他有一种神秘的直觉，能够判断什么是伟大的、真正的艺术品而什么不是。他能够发现并购买销售商未能认识其价值的重要藏品。他从不依赖他人的判断，而是自己成为所收集艺术品的学者。与很多和他同时代的人不同，他会事先进行充分准备。他培养自己的专业学识，并借此充满信心地作出自己的选择。因此，许多私人收藏家、博物馆专业人士，甚至学者都感受到了他带来的威胁。他好像既有能力，又有知识，可以买到他想买的任何东西。那时候，很少有博物馆资金充裕，所以馆员们不得不发展大的捐助者，从而获取藏品或资金，充实博物馆的收藏。很多其他私人收藏家，如果想升级藏品质量，抑或仅仅是想维持下去，则会被迫卖出部分藏品。与比他富有的收藏界竞争者相比，赛克勒有一个优势：在那些人购买藏品之前，他们依赖于他人的建议。而赛克勒则拥有鉴赏家的能力、精力和耐心，可以当场做出决定。当那些富有的客户们寻求专家建议的时候，他们往往得任由顾问、博物馆馆员和销售商的摆布，常常会被宰或被骗。那时候，对于估价出错的艺术品，拍卖行不会给予任何补偿，它们的政策是"货物成交，概不退换"。无论在资金还是知识方面，赛克勒都是完全独立的，他是世界艺术品收藏界一个不可小觑的力量。

赛克勒也清楚如何才能做成一笔好买卖。很多时候，他会在一家店里欣赏该店一件主要的艺术品，而到谈判结束的时候，他却已买下众多的藏品，费用仅比单买那一件艺术品高出一点点。有时候，他会劝说收藏者卖出整个收藏，因为这样可以保持收藏的完整性。但赛克勒不会卖出自己的藏品，一件也不会。他不从艺术品上挣钱，既不出卖，也不用其提高形象。他回避个人形象宣传。他收集了来自不同文化的逾三万件艺术品，其中至少一万件属于杰作。他打算把每一件藏品都捐献出去，要么捐给博物馆，要么也许可以捐给大学或学校，以供研究。他了解自己的收藏，即使其中次一级的藏品，也会有研究价值。

幸运的是，他拥有充足的收入来购入那些重要藏品。但到1950年，当印象派画作每幅价格超过 10 万美元的时候，赛克勒认为他可能再也买不起更多的印象派作品了（后来，一旦有机会，只要价格合理，他还是会毫不犹豫地买下来）。他搞收藏很有动力，后来又开始寻找其他喜欢的收藏门类。一次在巴黎的时候，他正在考虑购入一幅布拉克画作的复制品，是 12 幅中的一幅，价格为 2.5 万美元。然而就在同一天，他看到了一件来自中国的公元 6 世纪的石雕，价格与前者相同。根本不需比较，让他们去争夺那 12 张布拉克画作的复制品吧，赛克勒更喜欢这件孤品。第一次买入此类艺术品，开启了赛克勒所说的"从我西方艺术的根基，向着东方美学的精神朝圣"。

中国艺术引起了赛克勒的兴趣，而那时它基本还得不到西方的欣赏。古代礼仪活动所用的青铜器，带着好多个世纪以来形成的乏味的绿锈，对于品味不够高的人没有什么吸引力。这些人想要的是更为华丽的东西。赛克勒认为："艺术之美是恒久的。对我来说，中国青铜器制造者的艺术，象征着对人类直觉的美学感受和两大基本要素即技巧与技术的肯定。它代表着人类文明初期，这一结合所展示出的巨大力量。"他认为，中国青铜器"是人类用无生命的矿物和烈火所能创造出的最精美的作品之一。它寻求借助训练和经验使想象中的形象成为现实……这是一个不同民族之间如何对话的成功范例，也成功地昭示了艺术家们如何可以跨越时空，与全人类对话，它还成功地展示了，一个过去的文明，可以通过艺术的力量，与现在联系在一起"。赛克勒赞扬了古代中国人的才华，他们创造了如此众多的技术飞跃和创新。他解释说："收藏过程中，我发现许多中国青铜器功能细化的程度令人惊叹。我收藏有一只青铜甗，它的下部用来存水，中间有一个滤网状隔板，上部用来蒸大米或其他食物。它的其他部分则与处理谷物和其他食材相关。总而言之，形式与功能完美地结合在一起。"

赛克勒见过英国的乔治·尤摩弗帕勒斯和珀西瓦尔·大卫德爵士收藏的中国陶器和青铜器，这些收藏非常之好，以至于赛克勒觉得自己可能开始得太晚了。他说："但相对而言，那时对中国绘画感兴趣的人较少。而反讽的是，由于历史的巨变，就在那个时间点，有许多私家收藏的瑰宝，反而开始能在市面上买到。"赛克勒印象颇深的是，"中国画家对人物的观察不是写实的，而是哲学层面的。人物的描绘根据的是他和大自然的总体关系"。他认为，世界另一端的古代艺术家们，实际上在莫奈之前就已经发现了印象主义原则；在修拉之前也已经发现了点画派原则；在梵高之前业已发现了表现主义原则。他还认为，在 19 世纪晚期亚洲艺术输入西方的时候，欧洲的艺术家们都深受影响。赛克勒决心"维护一定数量的、世界范围

东周晚期带钩
由银、金、玉、绿宝石、珍珠和玻璃制成
赠予大都会艺术博物馆

内面临流散风险的、优秀的中国艺术品收藏，要保持这些收藏的完整性。并且……支持和鼓励与艺术史和考古目标相一致的保护性研究、考古工作和大学研讨会"。

他感到："被诱惑，并越来越深地被伟大的中国青铜器的精妙细节所吸引，感受到了难以置信的兴奋；而中国古代玉器，这种'活着的石头'上面带有最伟大的雕刻，带给我一种精致的亲密感和神秘感；陶器制作者让我感受到带有灵感的创造，中国国画家和书法家带给我震撼灵魂的美学感受以及亲近感和幽默感。在中国早期的木雕作品中，我找到了满足感，与我们现代的体验如此接近。后来，神态往往较为拘谨的石雕佛像或镀金青铜佛像也激起了我的好奇心。"赛克勒一直是位鉴赏家，他训练有素的眼睛可以挑出欧洲和美国现有的最伟大的中国艺术品。因为他亲自挑选并和卖家谈判，所以从没有必要让中间商抬高价格。那时候，常有很多非常精美的中国艺术品，通过不光彩的劫掠手段，迂回进入美国的博物馆。赛克勒非常谨慎，买入每件藏品都要求卖家给出确凿的出处，从而确保合法。他从不想让自己的所有权受到质疑。

赛克勒的第一项大的中国艺术品收藏是明清家具。数年后他承认："我的生活从那时起就不一样了。"在一家家具店的后面，他被一张小桌子所吸引。他喜欢它干净的线条，但知道它不会是现代产品。店员告诉他那是一张中国明代的桌子，生产于1644年之前。赛克勒非常感兴趣，并问他有没有其他的中国古代家具。他被告知该桌子来自德拉蒙德先生。赛克勒立刻就去找威廉·德拉蒙德。德拉蒙德曾在中国工作，买了很多件中国家具回西方销售。赛克勒买下了他所有的存货，并聘请他购入更多的中国古代家具。在给自己的各处房子和办公室挑选了部分家具之后，这位贪心的收藏家租了一个大仓库来存放其余的中国家具。

赛克勒一度拥有西方最大的中国硬木家具收藏，他的收藏癖好真一发不可收拾。他拜访了所有在纽约、伦敦、巴黎、苏黎世和巴塞尔的亚洲艺术品经销商。他通常的做法是先收集某一门类大量的藏品，然后再加入明星藏品使该收藏完备起来。他尤其欣赏古代的青铜器。在积累了大量的商、周时期的礼仪用青铜器和武器的同时，他还收集了从新石器时期到汉、唐直至宋代早期的陶器。中国古董商如此重视古代青铜器，以至于每次成交后，都会赠送他一件陶器作为礼物。

在他刚开始对中国艺术品感兴趣的时候，一位年长的中国古董商告诉他："你不用去寻找中国艺术品，它们会自动送上门来。"好像的确是这样。

他最喜欢的收藏之一是中国古代的玉器。这些玉器如此稀缺，以至几乎从未成为收藏家的藏品，因为几乎买不到。在古代中国，玉是最珍贵的媒介物；皇帝据称会用一个村庄交换一件上好的玉器。孔子把诸如诚实、纯洁和坚韧的人性美德比作玉。琢磨坚硬的玉石所需的辛勤劳动，被比喻成对心智的磨炼。先秦之前的中国，玉被专用于精英人士的葬礼。汉代，玉被认为有起死回生的功效，以至于皇帝、皇后下葬时要穿玉衣，以保其永生。

赛克勒主要的中国艺术品经销商是纽约的戴润斋先生。身为医生的赛克勒成了戴润斋公司的最佳客户之一。1950年，戴润斋画廊开业，也就在差不多那个时候，赛克勒正在积极地收藏亚洲艺术品。戴先生曾在其舅父在中国的古董店里工作过，并且行内知识学得很好。1940年代，当中国关闭了通向西方的门户之后，他去了英国统治下的香港，然后来到了美国。戴润斋是个受过良好教育的中国绅士，不喜欢耐着性子与蠢人相处。他藏起最好的宝贝，只允许真正的鉴赏家进入他画廊私密的内室。在戴润斋认定赛克勒具有鉴别古董优劣的敏感性之后，便开始给他展示真正重要的藏品实例。两个人彼此非常尊重，而且也敬佩各自讨价还价的技巧。有一次，为一件藏品的成交两人讨论了数月。最后，以本该早已商定的条件成交。当赛克勒问为何谈判如此冗长时，戴先生答曰："不怀念其中的乐趣吗？"

赛克勒从戴润斋那里买到的最重要的藏品是楚帛书。这件著名的中国人民文化遗产，时代久远至现存最早的中国文字书写样本的时期，比公元纪年要早数个世纪。这件楚帛书来自湖南省首府长沙，年代是公元前5世纪。古老的楚帛书上的象形文字，记录着当时历法、星相和宗教信仰方面的信息。它对于中国书法史也极为重要，因为它代表了从篆书向隶书的过渡时期。它上面的926个古代汉字，对解密古汉语很有意义。赛克勒还比较了楚帛书上的象形文字，与波利尼西亚土著人的绘画，以及从西伯利亚经过大陆桥来到阿拉斯加，然后定居南北美洲的先人的图画。他非常兴奋，因为楚帛书有可能可以证明，环太平洋的古人曾存在联系。

在1960年代中期，赛克勒第一次听到传闻，这件传奇的楚帛书被人买走了。接下来他拜访戴润斋的时候，却吃惊地发现那里装上了调温、调湿装置，他立刻明白了。他说："戴先生，楚帛书在您这里。"戴润斋承认了此事。但由于这是祖国遗产的一部分，戴润斋还没有决定是否售出。赛克勒对他说："戴先生，您是做一位收藏者呢，还是做一位古董商？收藏者从不出售他们最好的藏品，那我就不知道将来您给我展示的是否是您最好的藏品。但如果您是古董商，那么我接受您出的价格。"最终戴润斋被说服了。赛克勒为这一件藏品，付出了比他的所有其他藏品总价还要高的价格。

在中国和其他亚洲艺术品领域，赛克勒和其他富有的收藏家之间竞争激烈，这些人里值得关注的有，建筑业大亨埃弗里·布伦戴奇和来自令人畏惧的洛克菲勒帝国的约翰·洛克菲勒三世。他们两个都已开始收藏多年，当然也都并不看好赛克勒这位年轻"新贵"。然而他们都不及赛克勒灵活，因为他们在决定买入藏品之前，都得依赖顾问们的帮助。赛克勒就从布伦戴奇的鼻子底下，买走了30件漂亮的中国石雕。那是在与戴润斋谈判了两到三年后，一个周六，赛克勒和戴润斋达成了这笔交易。接下来的那个周一，布伦戴奇的人来了，但被告知那些藏品已经售出。尽管那天和赛克勒此次交易的账款还未结清，但戴润斋遵守了他的承诺。赛克勒对智胜布伦戴奇颇为满意。作家戴维·马戈利克认为布伦戴奇其人"令人生厌"，是个"偏执而且自以为是的多事之徒"，而且"在所有问题上都会站错立场"。

明代方几

明朝根雕太师椅

小洛克菲勒是其家族中第一个真正收藏艺术品的人。他父亲建立了世界上最大、最挣钱的工业公司，而他是其父的独子。他被称为"少爷"，而且被培养来光大其父亲的家业。洛克菲勒的美孚石油公司吞并了所有的竞争对手，所以，其垄断行为被西奥多·罗斯福总统追究，最高法院将其拆分为33个公司。老洛克菲勒的行事方式招致了抗议、罢工甚至造成了人员死亡，他成了"美国最令人憎恨的人"（当他妻子艾达于1915年去世的时候，因为公墓那里的示威活动，家人不得不在四个月后才将其下葬）。为了改变这个坏名声，他们建立了好几个慈善机构。公众对老洛克菲勒及其所代表的一切怒不可遏，这使得小洛克菲勒有些勇气不足。由于洛克菲勒少爷对其父亲的生意缺乏兴趣，所以被其父亲安排负责装潢家族的各处房产。洛克菲勒少爷购买了17和18世纪法国和意大利的家具，它们在20世纪早期代表着时尚的巅峰。而亚洲艺术品在19世纪末的巴黎也正在走红。洛克菲勒少爷从著名古董商约瑟夫·杜维恩处购入了一些中国瓷器，不过该古董商有些过分妄自尊大。

洛克菲勒三世集中收集亚洲艺术品，并聘请知识渊博的舍曼·E. 李博士为其顾问。李长期担任克利夫兰艺术博物馆馆长，并建立了该馆优秀的亚洲艺术品馆藏。与赛克勒一样，他有一双鉴别藏品质量的"慧眼"，是一位严肃的学者。但赛克勒是为自己鉴定，所以往往可以率先得到李或洛克菲勒也想要的藏品，因为他们太过迟缓。

赛克勒成为有史以来最伟大的艺术收藏家和鉴赏家之一。因为他既不依赖信托基金，也不愿卖出已有藏品来买入其他藏品，所以一直资金不足。但由于他拥有高超的专业知识和谈判技巧，买的藏品往往物美价廉，因而能够用比富有但缺乏鉴赏力的收藏者们少得多的钱，收集到极好的藏品。他一生购买的艺术品来自欧洲、前哥伦布时期的美洲、古代近东地区以及亚洲，而成为传奇的是他的中国艺术品收藏。他知道，中国的皇帝们也买不起他们想要得到的所有画作或玉器。如果连皇帝们都会感到资金的限制，那么资金紧张给赛克勒带来的沮丧就不那么严重了。

赛克勒喜欢收集艺术品这种智力工作，并且拥有将其做到极致的敏感能力。他偶尔会向诸如罗越教授这样的学者求教。罗越是哈佛大学的教授，他1968年出版的《中国青铜时代的礼器》一书，确立了该领域的标准。但赛克勒从来不依赖任何人。他的收藏往往不会是藏品的简单堆砌，对藏品的选择可以反映出很多他本人的特点。他最重要的目标之一就是发表他所有藏品的目录。他一直是一位学者和导师。

私人赞助可以上溯至伯里克利和古希腊的黄金时代。赛克勒发展出了一个理论，关于保存文化的公共博物馆所负有的责任。赛克勒认为："博物馆和所有其他文化机构所发挥的作用，最终体现在形成六大基本要素（天才、媒介、技术、交流、赞助和欣赏）。当上述六大要素集中于一定的时间和空间内的时候，则会达到文化临界质量，从而爆发出创造力，使人类得到启蒙和丰富；使和平得以发展；使构成人类的所有民族的精神和美学需求得以满足。"这是赛克勒最后确立的崇高目标。但令他深深失望的是，并不是每个人都相信或践行这一目标。

博物馆馆长和馆员们、古董商们、学者和批评家们都敬重赛克勒渊博的知识。不少人甚至敬畏他的知识。在艺术品世界中，很多人认为赛克勒的实力令人畏惧，大都会博物馆欧洲绘画部主任、维多利亚与艾伯特博物馆及大英博物馆前馆长约翰·波普-轩尼诗爵士即为其中之一。《纽约时报》艺术评论人约翰·拉塞尔称赛克勒为"真正的行家"。弗利尔美术馆馆长、史密森尼博物院赛克勒美术馆首任馆长托马斯·劳顿博士说："有时候人们会问我，赛克勒医生到底对他收藏的中国艺术品有多少了解？"据劳顿博士回忆，有一次他正在作一个报告，内容是关于一个稀有的中国古代礼仪用青铜器的质地。赛克勒突然问道："汤姆（劳顿博士的昵称），如果确实如你所说，那么这件青铜器意义重大，理由是……"赛克勒接下去"作的论述居然和我当时想作的论述一模一样。令我印象深刻的是，那天，我每展示一件古董，赛克勒医生旋即就可指出它在艺术史和文化上的意义，尽管他以前从未见过那些古董"。赛克勒编著的名为《鉴赏家研究》的中国画目录，被劳顿博士称为"本领域中用我们的语言所作的最佳陈述"。

1950年代，赛克勒开始考虑建立慈善基金会的可能性，用于鼓励更广泛的科学研究和艺术欣赏。当时这可是一个创新，因为在有生之年就建立基金会在当时非比寻常。那时候的主要基金会都是由丰厚的遗产建立起来的。他在这方面开了先河，而如今，私人基金会已经很多见了。当赛克勒的慷慨为人所知以后，无数的机构越来越频繁地向他募捐。学校校长和博物馆馆长们提出由赛克勒冠名。当接受了他巨大帮助的机构，却在实现他目标的过程中造成困扰的时候，他震惊了，继而深感忧伤。

赛克勒长期学习考古学和人类学，并且喜欢环球旅行。他非常乐于参观古老的城市和考古发掘现场。只要有时间，他最喜欢做的事情就是亲自参与考古发掘。基于环境、生理特征、手工艺品和发展结果这些因素，他建立了将不同文明的相似之处联系起来的理论。他解释说："在收藏过程中和在科学研究中一样，当收集到足够的素材，就可以尝试找出其代表性特征，甚至可以对其进行真正的重建。在全面的历史复原过程中，必须保存好研究材料和代表性作品。在这方面，其他收藏家的毕生工作成果当然也非常重要。"

1960年代早期，在赛克勒参观了多尔多涅和阿尔塔米拉的洞窟之后，他开始反对使用"原始"一词，因为"该词有轻蔑之意，暗指我们的艺术比我们先人的艺术优秀"。他与法国伟大的考古学家阿贝·步日耶一起，发掘了多尔多涅洞穴中的一个，度过了非常美好的一个夏天。他丝毫不觉得拉斯科洞窟或阿尔塔米拉洞窟"原始"，相反，他惊叹旧石器时代的洞穴绘画看上去如此之"现代"。他称："我确信，马格德林期的成年人要超越当今成年人的平均水平。即便从审美能力角度，古人也可以匹敌甚至挑战我们。……人类的直觉和审美能力植根于生物形态和生化机理，植根于神经运动和感觉器官，而这些在数千年前就已臻完备；神经和肌体在这短短几千年中的进化，根本不会形成我们和祖先之间的显著差异。"古人的成就应该被颂扬，而不应被贬低。他说："在我们评估古人成就的时候，应该少一些自大，多一点谦恭。只要我们去观察和倾听，我们会发现古人可供欣赏和学习之处如此之多。人的审美有天生的一致性，正如全人类在尊重和理解方面都拥有一致性。"

1963年，瑞典国王古斯塔夫六世亲自邀请赛克勒出席斯德哥尔摩远东文物博物馆开馆仪式，他那时已经因对考古的兴趣而闻名了。不幸的是，由于母亲身患绝症，他此次未能成行。与赛克勒一样，这位瑞典国王也研究历史和考古。他的主要关注点是意大利中西部古国伊特鲁里亚的发掘工作，但也在瑞典、希腊、埃及和中国做过其他的实地调查工作。他也收集古董，并和赛克勒一样专注于中国古代礼仪用青铜器和早期玉器。1964年两人首次相会，那时赛克勒在希腊出席一次医学会议，而古斯塔夫六世也正在希腊出席丹麦公主和希腊国王的婚礼。几年后，当赛克勒最终到瑞典拜谒这位国王时，他吃惊地发现，古斯塔夫六世在王宫中的房间毫不张扬。出于"国家层面的原因"，这位国王很遗憾不能来美国参观赛克勒的收藏。在他年事已高的时候，旅行受到限制。国王于1973年逝世后，赛克勒仍和负责保管国王收藏的博·吉伦斯瓦德保持着联系。

1964年，赛克勒在希腊出席儿科医学大会的时候，曾乘游船环绕希腊诸岛旅行，其间他参观了克诺索斯和伊拉克利翁博物馆。克里特岛深深吸引了赛克勒，他特意回到该岛仔细游历了大多数已经发掘的遗迹，还有一个叫做卡托扎克托的新开掘的遗址。他相信，克里特岛不是毁于入侵，而是毁于天灾。他对雅典卫城博物馆馆长尼古拉斯·柏拉顿指出，在他参观过的克里特岛上所有的遗址中，风是吹着火向同一个方向燃烧的。因此，对他来说，3000年前不可能由一次同时展开的两栖进攻，毁灭掉整个克里特文明。他还说，伊拉克利翁漂亮的石膏瓶和青铜锭，不可能来自获胜后的入侵者。他还注意到，克诺索斯有巨大的木柱，而现在岛上根本没有如此大的树。火山喷发很可能用灰烬掩埋了这种树的种子，而其中的矿物质使得这种树再也没有生长出来。赛克勒的假说被进一步的发掘所证实，出

商代青铜钟

西周早期青铜礼壶，含壶嘴与壶盖
（对侧）商代晚期或西周早期壶

唐代瓷器

唐代佛造像

土的武器和手工艺品来自一个很可能兴盛了数个世纪的文明。即使柏拉图，也在其对消失的亚特兰蒂斯大陆的描述中，提及了该地区古时候的自然激变。学者们进一步证实，在附近的圣托里尼，的确发生过极其可怕的火山喷发。赛克勒解释说："圣托里尼火山爆发很可能毁灭了超过80平方公里的面积，据说它引起的海啸甚至波及埃及，并造成了当地水患，这解释了诺亚方舟的故事。这可能也是'红海为摩西所开'的《圣经》故事的来历。《圣经》里说尼罗河变成了红色，会不会可以用圣托里尼火山沉降物中的氧化铁来解释？"

正如"统合理论"引发了赛克勒对精神分裂症的研究，赛克勒在其他现象中也发现了因果关系。他想知道"为什么伟大的文明间断性迸发于伯里克利世纪（公元前5世纪）、罗马古典时期（公元前后）、英国的伊丽莎白时期（16世纪）和文艺复兴时期（15至16世纪）等时代？中国、印度和最早的美索不达米亚及埃及文明的兴盛时期，也体现为间断性的迸发"。他喜欢比较来自不同文化的艺术，收集了很多种亚洲地区以外的古董。他买入了数千件古代近东地区和前哥伦布时期美洲地区的瓷器、铁器、古玻璃和石雕。更古老的还有诸如安那托利亚女神陶俑和伊朗的丰饶神像，这些都令赛克勒着迷。但他没有进一步积累这些收藏。不过在他不断在艺术品领域探索的过程中，总会有一些买入这类藏品的机会，而且往往当时价格并不高。很多这类藏品的质量，被证明都达到了博物馆的标准。赛克勒一直对收藏黄金制品非常谨慎，因为没有绝对可靠的检测手段。但他收藏了萨珊王朝的银器，当时很少有人理解其重要性。这种东西非常稀有。

赛克勒后来收集安第斯山地区、墨西哥、哥斯达黎加的艺术品，并发展成了单独的收藏系列，在博物馆和大学展出。他非常清楚，许多国家的法律禁止本国文物离境。对此他非常认真，确保每一次交易的合法性。1965年，当纽约世博会闭幕后，由于不愿承担本土艺术品回国的运费，哥斯达黎加政府希望寻求买家。他们希望赛克勒买下全部展品，但赛克勒要求先得到政府的书面出售许可，然后再进行交易。

美洲虎风格画像陶罐
瓜纳卡斯特—尼科亚地区

艺术与机构

赛克勒有数以千计的前哥伦布时期的美洲古董，主要是瓷器、石雕和纺织品，而它们只能存在仓库里，于是他找到了美国印第安人博物馆，当时该馆位于纽约市阿姆斯特丹大道和155街交汇处。赛克勒希望知道能否永久性地出借这些展品给这个博物馆。然后这些展品可以得到研究和展览。赛克勒同意为这些藏品编写目录。该馆馆长很高兴地接受了这一提议。

赛克勒的前哥伦布时期美洲古董以彩绘陶瓷为主。赛克勒认为："陶土制品是记录人类的文化发展最重要的材料之一。虽说陶瓷制作和装饰中某些方面的特征，可能与文化的传播相关。但黏土无处不在，而且人类在感觉神经和运动神经器官方面基本相同，这有助于说明陶瓷制品可能在多地被独立发明，并拥有多个发展中心。"他认为，美洲土著人塑造动物的方法，"在题材和表现力上不输于其他地方的方法，而且在形式创新上领先"。那些造型更为怪诞的器物，赛克勒认为"与欧洲的怪兽状滴水嘴相类。至于那些小塑像的造型，尽管来源于不同的灵感，但都让人联想起现代艺术的抽象造型"。黏土是"分布最广泛，也是最原始的材料"，他对其在人类发展中的作用很感兴趣。

不是每一种文化都是文明的。赛克勒不得不承认"语言、文学、历史和哲学并非一贯有益于人类"。用"野蛮"一词来形容南北美洲的土著人，不仅太过轻蔑，而且不准确。相反，"最为野蛮的帝国主义掠夺的例子之一"是前哥伦布时期欧洲侵略者对他们的残暴征服。赛克勒解释说："原本来自东方的移民，来到美洲开辟了人类的一块沃土，这里资源丰富、潜力巨大。而最早到这里的那些西方人，既无益，又缺乏人性。我们必须记下某些人带来的恶劣影响，而历史上他们一直在鼓噪其文化中的美德。西班牙，在其鼎盛期（之一），不仅迫害本国人民，还将其力量通过探险者投射到其他大洲。印加人尽管有优秀的政治、社会组织能力，但却被168个士兵、几十匹马和四门大炮征服了。能与这些入侵者非凡的军事成就相比的，只有他们的贪婪。无知的贪欲让他们把精美的艺术品——那可是全人类的遗产——镕化成了金锭。他们还打着信仰的旗号，毁灭了其他民族的文化，尽管这些民族离他们的国家有八千英里之遥。"而在赛克勒本身所处的时代，"当人类的科技天才造出的核武器充斥武库，可以毁灭这个世界的时候，为世界末日核决战作出最终决定的责任"，地球的命运，掌握在比西班牙征服者还少的少数人手中。

赛克勒感到，人们对前哥伦布时期血祭的印象，干扰了人们对那些民族伟大成就的了解。他敬佩这些民族从本地植物提取天然药物的知识，他们培植了许多水果和蔬菜（比如马铃薯和玉米）。他们的耕作方法使土地保持肥沃，使雨林得以生长和延续。他还认为，也许印加之前的南美人是最早认识到大脑重要性的：他们使用环钻术，用青铜器或尖锐的火山岩在人的颅骨上钻孔，来治疗某些疾病或参加某种祭祀仪式。

到1960年代中期，赛克勒已经收集了来自很多文化的数千件古董。他还阅读关于古代文明的资料，参观展览并出席考古会议。他明白自己藏品的重要性，希望能把它们安全、永久地存放在博物馆中。他坚持说："伟大的艺术不受机构围墙或国界的局限。伟大的艺术超越普通人的技巧。伟大的艺术属于所有见过该艺术品的人，它会影响这些人，并成为他或她的一部分。它会和人最深、最细微、几乎无法计数的感知系统路径结合，成为我们庞大记忆库的一部分，而且会在不知不觉中，持续性地在我们的经验中表现出来。正因为如此，伟大的艺术和所有文化，都属于全人类。"

他担任布鲁克林博物馆的顾问，并且为其捐赠了很多有价值的藏品。他给以色列博物馆捐赠，因为富足的西方国家已经拥有很多了，他希望能帮助正在战火中的祖国。他梦想在耶路撒冷建立一个全球基督教博物馆。他希望他的古董收藏家朋友们，艾利·博罗夫斯基、列昂·波梅兰茨、诺伯特·希梅尔和保罗·辛格也同他一道捐助。赛克勒解释说："我不是《圣经》研究者，而是个生物学家。尽管如此，我仍然一直珍视这么一个故事，即，一个仅有一条腿的人，独自一人也可以学到《旧约》的精髓。这个精髓就是'与邻为善'。我知道先知希勒尔说过，神谕之中'爱乃精髓'，'其他均为注解'。这对我来说就足够了。"很遗憾，他的耶路撒冷博物馆之梦未能实现。

古代人类在语言、艺术和文化方面的发展令赛克勒着迷。他在古人的造型和图画之中，寻找相似成分，并力图理解其间可能存在的互动关系。为此，他研读书籍和学术刊物。1954年，在他阅读了哥伦比亚大学教授威廉·萨默林的文章《古代中国人之重构》，之后回到了哥伦比亚大学。那时的哥伦比亚大学，可以说云集了全美最好的艺术史学家，有梅耶·夏皮罗、拉尔夫·索莱基、鲁道夫·威特科尔、伊迪丝·波拉达、理查德·埃廷豪森和罗伯特·冯·海因－革尔登。这些著名教授均与赛克勒相识。他与约翰·罗茨教授相会，讨论乌拉尔和阿尔泰研究。1958年，他设立了一个为期三年的助理教授职位，希望能借此发展成一个实验人类学实验室。他继续给哥伦比亚大学捐资促进远东及相关研究。他提议创建一个探索性的医学研究中心，并命名为克洛德·贝尔纳社会研究院，他同意带头捐助。1960年12月，鲁道夫·威特科尔博士邀请赛克勒加入艺术史和考古学系的咨询委员会。他成为发展委员会主席，该委员会的目标是在哥伦比亚大学建设一个艺术中心，其中包括一座剧院和一所影视学院，他还提议加入一个艺术博物馆。在加入哥伦比亚大学艺术史和考古学系咨询委员会后的第二年，他创建并资助了哥伦比亚大学艺术史和考古赛克勒基金实验室，目的是开展对艺术史和考古手工艺品的研究。1967年至1970年，赛克勒任哥伦比亚大学高级人类学研究员。

他随时向哥伦比亚大学开放他的收藏。应哥伦比亚大学古代近东艺术教授伊迪丝·波拉达的要求，赛克勒同意从其近东艺术藏品中借一些样品给她，使她的学生得到了接触艺术品原件的宝贵机会。伊迪丝·波拉达教授专长于研究圆筒图章。能接触到这些材料，教授和学生们对赛克勒确实非常感激，而赛克勒也为能促进古代文明的研究而高兴。与把艺术品锁在仓库里相比，这种安排明智得多。他还同意把他的数个中国艺术展览，带到哥伦比亚大学纪念图书馆的圆形大厅。其中第一个展览于1960年11月开幕，名为"赛克勒收藏之中国古代玉器、礼仪用青铜器、兵器和欧亚青铜艺术品"，该展览意在发起"针对中国和欧亚艺术、考古、历史和语言学的拓展性活动"；其后举办的展览名为"三千年陶瓷艺术和中国10世纪之前的雕塑"，该展览从1962年一直延续到1963年；1964年的展览名为"唐代的中国艺术及其前身"。1965年初，展览了赛克勒收藏的朝鲜陶瓷和青铜藏品。这些展览的所有开销，包括运输、灯光、布展、安保和保险，均由赛克勒研究项目承担。他还派遣自己博物馆的馆长，和校方工作人员共同工作。他很高兴可以就其对艺术和科学的兴趣，赞助家乡的一所机构，他认定，哥伦比亚大学是其藏品的一个非常好的去处。他至少借给了该大学3000件艺术品。

赛克勒借给哥伦比亚大学最重要的艺术品是中国的石雕。这些石雕来自龙门和响堂山，极为珍贵，而且目前已禁止出口。

格雷森·柯克校长在任期间，成功地把哥伦比亚大学的捐赠基金从1亿美元增加到4亿美元。他会见了作为潜在捐赠者的赛克勒。科克于1940年来到哥伦比亚大学，任政府学副教授。当原任校长德怀特·戴维·艾森豪威尔于1953年当选为美国总统后，柯克接替他成为哥伦比亚大学校长。1965年，他开始与赛克勒商讨在哥伦比亚大学建立赛克勒博物馆事宜，设想五年内建成（后来随着时间的推移延长为八年）。当赛克勒把越来越多的藏品借给哥伦比亚大学的时候，他开始专门为其购置一些展品，这基于双方的共识：万一哥伦比亚大学赛克勒博物馆不能最终成型，需要把85%的展品转移到他所选定的另一个机构。当然，那时候每个人都对哥伦比亚大学赛克勒博物馆的建成充满信心。

赛克勒还非常喜欢并热衷于收藏乔凡尼·巴蒂斯塔·皮拉内西的作品，他是18世纪意大利的雕刻师。1971年10月31日，《纽约时报》报道，赛克勒把23幅皮拉内西的画作，这一非凡礼物，捐赠给了哥伦比亚大学。如果说皮拉内西的雕刻作品价值很高的话，那么他的画作几乎就无可企及。1975年，赛克勒在为该展览目录所撰写的前言中写道："数百年来，他打开了人类的心灵之窗，通向他用想象力探索，用手记录的远景。他卓越地

画像陶罐
瓜纳卡斯特—尼科亚地区

结合了酸与铜、墨与纸，以大胆、惊人的方式表现了人类的命运。"皮拉内西更进一步的重要性在于"他预言了现代人的精神和肉体，都将受困于钢铁与石头之中，受困于还未到来的工业革命将会带来的消磨和压力"。哥伦比亚大学艺术和艺术史学系主任鲁道夫•威特科尔告诉赛克勒，他认为这些罕见的画作是"很多很多年以来，发现的最伟大的皮拉内西作品之一"。赛克勒敬仰的不仅是威特科尔的学识和领导才干，还有他"包容的优雅人性"。赛克勒把1975年在哥伦比亚大学举办的皮拉内西作品展献给了威特科尔，这非常合适。

赛克勒解释道："与所有伟大艺术家一样，皮拉内西把他对过去的欣赏，通过他的作品《罗马古建》，和他对现在的爱，通过他的作品《罗马即景》联系在一起。这些都与他的作品《监狱》相联系，反映出他对未来的预见。《监狱》把皮拉内西从平实风格的建筑中解放出来，用广阔的视角，哀悼对肉体和精神的束缚，而光明的梦想，即自我，文艺复兴时期的人，很快即将到来。"赛克勒得到了新近发现的25幅水墨画中的23幅，这些画是皮拉内西"交给教皇克莱蒙特八世，用于扩建罗马古代天主堂圣乔凡尼大教堂的方案——圣乔凡尼大教堂是基督教世界最古老、最重要的教堂之一"。赛克勒还赠予哥伦比亚大学14张罕见的皮拉内西的《监狱》样张，以及其他一些重要的皮拉内西作品，其中包括两本皮拉内西的书籍。最终，赛克勒基金会完成了皮拉内西绘画、蚀刻版画和图书国际展的准备工作。

1960年代，很多来自大学和博物馆的专业人士，迫切想要参观赛克勒艺术品收藏，这些人中有一位就是大都会艺术博物馆馆长詹姆士•罗瑞默。罗瑞默博士和赛克勒首次相逢于哥伦比亚大学的艺术史委员会，他们两个都是该委员会委员。当然，赛克勒很了解大都会博物馆。它是纽约市主要的艺术品宝库，也是世界四大综合性博物馆之一。其余三家是位于伦敦的大英博物馆、巴黎的卢浮宫和圣彼得堡（当时称为列宁格勒）的艾尔米塔什博物馆。在他们二人初识的时候，大都会博物馆的亚洲藏品非常少，根本无法和大英博物馆、卢浮宫相比，甚至还比不上布鲁克林博物馆或波士顿美术馆。赛克勒希望大都会博物馆能够弥补这一巨大差距。他敦促罗瑞莫扩大其亚洲部分的规模，并且答应出借给大都会博物馆任何馆长选中的展品。

罗瑞默向赛克勒坦言，他过去的八年间，一直设想建立一个中国石雕陈列室，并一直在寻找能够提供资金支持的人。他找到的每个人都婉拒了，甚至还包括他的主要赞助者小洛克菲勒。洛克菲勒和大都会博物馆保持了长时间的合作，并且成果颇丰。他捐钱修建了大都会博物馆的分支——修道院艺术博物馆。罗瑞默这位中世纪艺术专家帮他布置了展品。但小洛克菲勒对亚洲艺术不感兴趣。虽然他儿子洛克菲勒三世拥有一个重要的中国艺术收藏，但他对建立中国陈列室不感兴趣，而且也没有兴趣把他的这些收藏捐给大都会博物馆。

大都会博物馆的定期捐助者和董事们关心的是欧洲收藏，而不是资助成立亚洲陈列室。但罗瑞默了解赛克勒对中国艺术品的热爱，1963年，在大都会博物馆董事长罗兰•雷蒙德全力支持下，他找到赛克勒寻求捐赠。赛克勒马上同意了所要求的捐资数额，而且在1964年合同最终定稿前，他主动把捐资数额提高了近60%。赛克勒的捐助使大都会博物馆得以设立了一个大的陈列室，并安装了强化地板，翻新了壁画。赛克勒最初想把这个陈列室命名为赛克勒家族陈列室，但家族的其他成员都不愿捐助。同年，赛克勒在大都会博物馆设立了赛克勒基金会（后来更名为亚瑟•M. 赛克勒基金会），旨在促进对中国和乌拉尔、阿尔泰及相关地区艺术的学术欣赏，并增进公众的相关知识，同时，发展远东艺术品及其他相关收藏。1965年3月10日，大都会博物馆亚瑟•M. 赛克勒中国石雕陈列室揭幕。那时，没有其他博物馆（更别提世界上最主要的博物馆）以在世的捐助者的名字命名展室。赛克勒猜测会有人因某些展品非他捐助为由，抱怨这一命名，所以作为补偿，他为原来陈列于此的大都会博物馆的四件大型石雕支付了费用。

赛克勒鼓励罗瑞默考虑在大都会博物馆建立更多中国陈列室，并增加亚洲馆藏。有时，大都会博物馆的官僚作风会导致机会的丧失。一次，罗瑞默问赛克勒是否愿意帮助大都会博物馆获取一件重要的商代雕塑，那是一件中国最早的大理石人像，古董商开价20万美元。尽管赛克勒愿意提供全额资助，但大都会博物馆还是输给了日本。现在，那件石雕成了日本的国宝。

赛克勒在摩根曼哈顿仓库租用了巨大的仓储空间，而他的私人收藏品管理员就在这里工作。每次罗瑞默和他的员工申请租用赛克勒的藏品，赛克勒总会应允，有时有些展品展出时间能超过最初约定时间很久。赛克勒希望彻底了解自己的藏品，所以他同意购买一台测定青铜器和瓷器中碳-14的机器。罗瑞默提议，如果赛克勒为大都会博物馆购买这台机器，他的藏品和博物馆拥有的为数不多的藏品都可以得到检测。经过这些讨论，最后他们在1965年12月形成了正式约定：赛克勒在大都会博物馆保留他的"东方古董"，同时把他的藏品借给博物馆做研究，并承担保险费用。这份协议使双方"可以实现一个共同的目标，即保护这些珍贵的历史性资料"。大都会博物馆同意提供"研究和保存"空间，作为交换，也得到了研究、发表和展览这些藏品的许可。

罗瑞默希望和学界发展更紧密的联系，允许"博物馆工作人员、国外学者以及美国高校艺术史系师生"研究保存在储存区的藏品，储存区的藏品一般是存放在密室中不允许参观的。青铜器、石雕、漆器和很多瓷器被转移到"隔离区"，楚帛书也被放置在"隔离区"。珍贵的玉器和珠宝安放在保险箱内。赛克勒保留了他在摩根曼哈顿租用的仓库，存放其他青铜器、瓷器以及他巨大的中国硬木家具收藏。当罗瑞默1966年去世的时候，赛克勒中国艺术收藏精品综合展的准备工作，正在进行之中。

当赛克勒对艺术的兴趣被行家们了解了之后，其他机构也开始找上门来。其中之一是普林斯顿大学。该大学通过它的博物馆馆长方闻找到了赛克勒。方闻了解赛克勒对哥伦比亚大学和大都会博物馆的慷慨捐助，所以他向赛克勒介绍了他所看中的一个收藏，并说服他为此捐助了其所需费用的一半。那时候，哥伦比亚大学博物馆项目进展缓慢，而大都会博物馆亚洲陈列室的扩展工程也处于搁置状态。所以赛克勒对普林斯顿大学艺术博物馆进行了捐助。有时，他会为方闻看中的藏品买单，而另一些时候，他会捐赠一些自己的中国藏品。

1968年6月，普林斯顿大学骄傲地宣布得到了一笔赛克勒的重大捐赠，价值远远超过100万美元，其中包括中国国画和书法作品，还包括资金，用于从切斯特·D.卡特收藏中，购入84件青铜器和一尊宝贵的大型观音塑像。这笔捐赠中包括16幅道济（石涛）的作品。道济属于明朝皇室，后来为免受入关清军迫害，而落发为僧。1644年明朝覆亡，清军入关。道济被认为是新兴"非正统"画派的领导者，因其画风带有印象派特点和个人主义风格，其画作成为赛克勒的最爱之一。方闻认为这是"美国博物馆对重要远东画家的，第一份综合性收藏"。后来，赛克勒又获取了远东艺术的另一些名作，进一步充实了他所捐赠的这一非凡收藏。如此，普林斯顿大学赛克勒收藏展形成了，而普林斯顿大学博物馆的一部分，也被命名为赛克勒美术馆。

纽约大学最后也来向赛克勒谋求捐赠。詹姆士·麦克诺顿·赫斯特校长希望，作为校友的赛克勒，能够给学校某种捐助。赛克勒也觉得应该做些什么，但由于纽约大学曾拒收赛克勒弟弟入学，所以始终没有得到赛克勒的完全谅解。纽约大学高地校区关闭了，华盛顿广场的校园也平平庸庸，教室和宿舍也都是改建的旧楼。赛克勒发现其急需生物化学研究生项目，于是邀请他的两个弟弟加入进来共同努力。赛克勒生物化学研究生院最终于 1980 年落成。该学院成为学生多元化的典范，黑人、印第安人、拉丁裔以及经济条件差、身体残疾的学生比例相当高，还有来自欧洲、非洲、亚洲和中、南美洲的学生，而且研究生中的女生占比超过一半。该学院的很多学生很快即入职于教学、医疗、实业、法律等行业，或进入政府部门。

1967 年，在哥伦比亚大学召开了"早期中国艺术及其对太平洋地区的可能影响"研讨会。该研讨会广受赞誉，也是赛克勒最引以为自豪的对艺术和科学的学术贡献之一。很多他的收藏品被用来佐证，中国、前哥伦布时期美洲以及波利尼西亚的古董之间，存在某种联系。楚帛书是研讨会关注的焦点。它的影响波及太平洋盆地，向东直抵美洲，向西则到达地中海地区。显然，楚帛书中象形化的成分，比如妖魔、长角之人和长长的舌头，并没有局限于楚国一地，也没有局限在其主要或连续的辐射影响地之一台湾，而是影响到了南北美洲。大约五万到二万五千年前的更新世时期，一些部落进入美洲，他们是美洲文化的起源。这些相似性似乎可以证明赛克勒的理论。赛克勒认为，在最近一次冰川时期，北方海平面下降，白令海峡大陆桥表层冰封，使得一批批亚洲人移民美洲。该研讨会出版了三卷会议成果。

不幸的是，1968 年 4 月 23 日，哥伦比亚大学校园里发生了暴乱，赛克勒与该大学的良好关系也无法维持下去了。此前，世界各地已经经历了一年的动荡。反对越战、反对征兵的抗议活动席卷美国。为了促成白人、黑人学生合校，美国引入了强制性校车接送制度，城市之中的种族冲突随之加剧。受巴黎学生运动的影响，哈佛大学的学生也开始反抗。征收哈莱姆社区的土地和住房用来新建一个体育馆的计划是哥伦比亚大学冲突的直接原因。学生也在抗议资本主义制度，抗议迫使年轻人违背意愿当兵的战争。来自某民主社团的一些激进学生成员，占领了哥伦比亚大学的行政大楼以及科克校长的办公室。校长惊慌失措，继而打电话给市警察局，要求他们清理校园内的暴乱学生。事后，科克校长被迫辞职。

赛克勒试图收拾残局。他和哥伦比亚大学继任的数位校长沟通，希望可以重启艺术中心项目，至少是重启博物馆项目。1968 年至 1973 年期间，赛克勒和家人共捐赠给哥伦比亚大学大学 260 万美元，主要用于新建亚瑟·M. 赛克勒博物馆。但该馆中却没有展示毕加索、库尔贝和其他一些名家作品的空间，而只能把它们放到办公室里面。赛克勒黯然意识到，在哥伦比亚大学建博物馆的前景的确暗淡。他的这一担心后来被证实是正确的。他被告知，由于纽约市目前可用于博物馆方面的资源有限，哥伦比亚大学不愿承担建设新馆的责任和开销。1974 年 7 月，赛克勒辞去了哥伦比亚大学艺术史和考古学系咨询委员会的职务。在辞职信中，他不情愿地写道："我曾设想在哥伦比亚大学建立一所伟大的教学博物馆，承载艺术史和考古学各主要领域的重要收藏。但恐怕我未能恰当地表达出该工程的重要意义。"

1970 年，当赛克勒在哥伦比亚大学建立博物馆的计划前景恶化的时候，他认可了在特拉维夫创建医学院的可能性。他此时非常希望帮助一下祖先曾生活过的国度。开始，赛克勒并不支持以色列建国。他担心，一旦所有犹太人都集中在一个地方，会更容易被种族灭绝。但后来，他被以色列人"使沙漠开放花朵"的成就所打动，他们的经济建设充满活力，而且用心发展艺术和科学事业。而最终促使赛克勒决定在特拉维夫创建医学院的因素，是一项特殊规定，即在特拉维夫医学院培训合格的毕业生，可以享有在纽约市行医的权利。他要求他的弟弟们加入进来，他们都同意了。1972 年，这所学校正式开学。它的在校生规模有 2400 人，不仅是以色列最大的医学院，而且在医学和健康教育方面，也位居该国最前沿。1976 年，当弟弟雷蒙德被任命为特拉维夫大学校长时，赛克勒很高兴。同年，他们引入了一个独特的以色列—纽约市合作项目：每年 40 名纽约住院医可以享受补贴，在特拉维夫接受按美国标准进行的培训。作为回报，这些医生将来必须回到纽约市缺少医生的地方行医。

赛克勒盼望在以色列建立一座博物馆，为此，他借给以色列博物馆 25 件中国青铜器。

就此他写道:"中国青铜器是一个民族跨越时空进行对话的成功范例,也成功地展示出,一个过去的文明,可以通过艺术的力量,与现在联系在一起。"

第一次拜访祖先生活过的地方——以色列——令赛克勒十分动容。当看到儿时从《圣经》和约瑟夫作品里读到的历史遗址时,他极为兴奋。他充满敬意地说道:"耶路撒冷,圣城,人类信仰的源泉;犹太大屠杀纪念馆,人类非人道的纪念碑。"在犹太大屠杀纪念馆,他读出了那些正义之士的名字:那些善良的德国人、善良的法国人、善良的比利时人、那些牧师和修女,他们为犹太同胞献出了生命。赛克勒充满讽刺地写道:"两千五百万人死于二战,其中'仅有'六百万犹太人。我用了'仅有'一词吗?我哽咽了,面对那六百万人的尸骸、地板上的名字、栅栏门后面的文件和记录,还有那些图片里的死亡和难以名状的劫掠与疼痛造成的痛苦,还有被谋杀的母亲和孩子、老人和小孩、病人和残障。恐怖。我无法对犹太人大屠杀有一丝一毫的理解。六百万人被毒气熏死、被放进焚尸炉,为何竟然只有那么一点儿反对的声音?那些善良的德国人那时在哪里?波兰人呢?那么多法国人呢?我一直敬佩丹麦国王的义举,为了表示抗议,他在胳膊上佩戴了带有大卫之星的黄色袖标。"

意大利镀金陶像，1695 年

为和平而战

1950年代，赛克勒成立了一个组织，名为"科学家为和平"。其成员中的知名人士成员有，诺贝尔化学和生物学奖得主、巴黎巴斯德学院院长贾克·莫诺，还有诺贝尔物理学奖得主伊西多·拉比。拉比在二战期间，曾参与过曼哈顿计划，和罗伯特·奥本海默一起研发了原子弹。他和参与该计划所有的人都认为，如此强大的武器肯定会终结战争。后来，在核裂变技术发展之后的数十年中，核战争的威胁却有增无减，这令拉比一直为参与了核弹的研发而后悔。"科学家为和平"讨论的问题包括：科学研究的社会和哲学问题、科学研究与政府的关系问题、科学独立的重要性问题，以及确保科研进展的资金需求问题。

赛克勒对日益增多的联邦经费投入武器研究很担心，他发起运动要求"把国民生产总值更平均地分配，照顾到我们病人的需要"。他寻求在巴斯德所说的"毁灭的力量"的世界，与"和平、工作和健康"世界之间实现更好的平衡。尽管他非常赞同联合国的理想，但他对联合国的现状非常失望：它已被花着公款逍遥的腐败代表们所把持。民主国家被从数量上压倒，并常常被独裁国家可笑地指责为践踏人权。两任联合国秘书长，奥地利人库尔特·瓦尔德海姆有一次曾把联合国机制描绘成"躺着支持和平"。当然，反讽的是，这个人曾就自己的纳粹历史说谎。

尽管如此，赛克勒还是愿意帮助联合国的下属机构：世界卫生组织。该组织于1948年在日内瓦成立。理论上，世界卫生组织致力于实现"所有民族的最高的健康水平"。赛克勒信奉该组织的宪章，也赞同它的宣言："所有民族的共同健康，是实现和平与安全的基础，其实现有赖于所有个人和国家最密切的合作。"他还相信"可实现的最高健康标准，是每个人的基本权利，不论其种族、宗教、政治理念、经济和社会条件"。

随着他在精神病学领域声誉的增长，他被邀请加入了世界卫生组织，这不足为奇。他在1949年担任克里德莫尔精神生物学研究院主任，而在1950年到1962年期间，任《临床和实验精神病理学杂志》编辑，这些都提高了他的声誉。1950年，他参加了世界卫生组织赞助的首届国际精神病学大会，并被选为国际研究委员会副主席。1969年，他被任命为世界卫生组织的世界卫生人员国际特别工作组主席，这进一步证明他已成为国际上呼吁变革的重要声音。

为了使精神病患者可以得到与其他身体疾病患者同样的照顾，赛克勒继续努力，但直到20世纪中期，几乎没有进展。他认为精神病患者急需一个"人权宣言"："不受阻碍、不打折扣地接受精神疾病治疗的权利；建设性地参与治疗过程，或得到代言的权利；不受阻碍地保有公民人权的权利。"该理想的实现唯有依靠世界卫生组织这样的组织。他警告说："没有个人的参与，不可能取得建设性成果。同样，任何进展都不能视为仅通过个人就可以实现。"1974年，在雅典举行的社会精神病学国际学会第五届国际大会上，他把精神病患者的权利定义为：

1. 精神疾病医疗权是一项基本人权，个人享有接受或拒绝的自由。
2. 每个人自己，或通过自己选定以及法律指定的代言人，都享有被告知、接受或拒绝医疗决定的权利。
3. 接受精神疾病治疗的患者，不得被以此为由，剥夺任何其他民权或人权。
4. 为确保实现上述权利，本学会将鼓励基本精神健康信息的传播；鼓励在公众及接受治疗的患者中，发展预防性措施；鼓励对专业人员和辅助性专业人员，在精神疾病防治方面进行培训，这些人员亦享有本领域继续教育的权利。
5. 为了实现上述目标，本学会将把这些决议通告于世界卫生组织、其他医疗卫生从业者之官方机构以及公众。

为了公共利益，赛克勒在美国、欧洲和亚洲参加会议、撰写报告而不求补偿。他指出："只要你愿意了解，社会精神病学这一小小的科学领域的界面就在那里。在构成和调节人的行为的多种因素之中，教条和信仰所蒙蔽的人会越来越少。如果我们注意观察的话，那些限制了所谓正常功能的偏差行为，会改变人的举止，使其有害于社会，甚至会在更令人痛心的情况下，有害于行为人本身，而这些偏差行为，都可以从精神上或代谢上，从社会角度或生理学角度，被更好地理解。人类整体的力量，将会战胜伪科学的教条。"

通过世界卫生人员国际特别工作组，赛克勒遇到了他长期以来都很敬仰的莱纳斯·鲍林医生。鲍林是一位两度获得诺贝尔奖的美国化学家，他的著名观点是，人可以通过每天服用大剂量的维生素 C，预防普通感冒和流感；维生素 C 可能可以延缓癌症的发生。尽管尚未得到研究证实，赛克勒还是认为鲍林可能是对的。无论如何，他们的观点是，补充维生素 C 不会有副作用，因为抗坏血酸不可能过量，摄入体内的多余部分会被排泄掉。

赛克勒认为鲍林是人类历史上最伟大的十位科学家之一，仅次于牛顿、爱因斯坦、阿基米德和伽利略。鲍林则认为达尔文是最伟大的科学家。他试图通过了解 DNA 的结构和遗传学的机理，来证实达尔文的理论。鲍林认为，理解达尔文对《物种起源》的解释，需要作出艰巨的智力飞跃。该书于 1859 年出版，而生物学家们却需要几乎一个世纪的时间，才能理解其中观点的正确性。达尔文的生物进化论和自然选择理论基于对物种的比较，这些物种差异最有名的发现地是加拉巴哥群岛。达尔文在其 1871 年出版的《人类的由来》一书中，探索了他的理论在人类中的运用。鲍林敬佩达尔文的，不仅是其历经 20 年耐心证实而得到的非凡科学突破，还有其高尚的品格。达尔文的进化论已经成了现代生物学的基石。

鲍林和赛克勒两人非常相像：理想主义、乐观、睿智、诚实、坦诚、直白。两人都对苏联的威胁极为担心，而且致力于维持两个超级大国间的和平。然而，两人所采取的方法不同。

在 1960 年代的动荡中，鲍林选择了走公众路线。他带着他标志性的贝雷帽，和他的妻子艾娃·海伦一起，常常为和平而示威游行，有时甚至被逮捕。而赛克勒则保持低调地做幕后工作，他选择通过写作来解决问题，而不是像鲍林那样去冲击路障。他认为，教育和传播准确的信息至关重要。他相信，当没人要求苏联也负起责任的时候，仅仅抗议美国拥有核武器是毫无意义的。苏联并非自由社会，所以更易于受到领导人头脑发热的影响。鲍林提醒赛克勒，美国是唯一一个曾经在击败日本的时候，使用过核武器的国家，而反对核武器必须有个起点。鲍林相信群众运动会改变政府的政策；而赛克勒却认为条约可能会有作用，可以从一个裁减军备的国际条约开始。鲍林积极推动通过一个禁止核试验条约。尽管赛克勒也认为这是一个有意义且令人敬佩的目标，但他担心，即使整个西方都遵守承诺，苏联和其附属国家未必会遵守。鲍林因在相关方面的贡献于 1962 年获得了诺贝尔和平奖。

赛克勒同意鲍林的观点，如果世界上每个人都有营养丰富的食物和干净的水，那么就不会发生战争。鲍林说："我信仰道德、公正和国际法。我相信世界不会被毁灭……我相信，当我们生活的这个伟大世界的资源，被用于全人类的福祉的时候，那时的世界将是和平的世界。"赛克勒力图把这些想法付诸实施，他创立了营养促进基金会，来资助营养方面的研究。

鲍林加入了该基金会的董事会，威廉·夏夫和罗杰·J. 威廉姆斯也加入进来。他们的实验室在得克萨斯大学奥斯汀分校。威廉姆斯奠定了现代营养学的科学和哲学基础。赛克勒称赞鲍林和威廉姆斯为"有信仰的人。在营养摄入、体育运动、社会责任和社会承诺方面，他们将自己宣扬的理论，身体力行地付诸实践"。这是第一次用真正的科学试验，检测入口食物对人的影响。他们都是信仰道德和公正的人，他们正力图确保把世界的资源用于全人类的福祉。

赛克勒认为非常可笑的是，政府"集中注意力于医生如何用药，而在人们最常食用和消化的食物方面，政府却同时忽略了医生的责任、公众的责任以及食品生产者和销售商的责任"。他指责美国的大食品企业推广"看上去漂亮但营养不均衡"的食品或饮料（比如可口可乐和百事可乐）。这些食品和饮料不仅吸引了营养不良者，而且还有过度肥胖者。而蛋白质丰富的食物，比如肉、禽、鱼等食物的价格，却一再上涨。数个此类企业，其销售额实际上都超过某些欠发达国家的国民生产总值。赛克勒认为："超科学在盛行，其虚伪的外衣下面，一个本应富足的国家，却沦落为营养滥用的典型，而其原因正是，错误的信息以及傲慢的态度。"

赛克勒担心食品和水的匮乏会导致战争，所以他呼吁制定一个根除饥饿的长远计划。国内巨大的食品浪费令他深恶痛绝：在美国，那么多谷物由于酿制啤酒而消耗掉，每年还要生产数以百万磅计的雪花牛排。而让牛吃草而不是谷物会非常容易。节省出的谷物可以解救世界各地饥饿中的人民。对和平事业更为不利的是世界范围的军火扩散。他1975年抱怨说："在像美国这样的资本主义国家，或者像苏联这样的社会主义国家，抑或是像印度这样的第三世界国家，显然，枪比黄油更重要。它的终极表现形式，可以在圣雄甘地的国度见到。这个国家可以骄傲地炫耀它的核武器，而数以百万计的民众，却正在忍饥挨饿或死于饥饿，数亿人营养不良，衣不蔽体或住房条件恶劣。"赛克勒指出，与军事技术无限制的资金投入相比，对健康的投入已变得可有可无。

鲍林非常关心被迫害的俄国持不同政见者安德烈·萨哈罗夫的命运。萨哈罗夫是位著名的物理学家，是第一个得出在早期宇宙中需要多少物质才能压倒反物质的人，他对苏联政府持严厉的批评态度，并为争取人权而激烈抗争。1970年，他带有挑战意味地成立了一个人权委员会，他知道这会导致当局的反制。反制很快就来了：三年之内，萨哈罗夫失去了他的科学研究工作。他的孩子们被迫避开他。苏联媒体持续性地对他和其他俄国人权运动的主要领袖进行攻击。其中，亚历山大·索尔仁尼琴就在苏联的劳改营里度过了八年。1975年，当萨哈罗夫成为第一位苏联诺贝尔和平奖获得者的时候，他却未被允许去领奖。但他的第二任妻子，同为人权活动家的伊莲娜·邦纳，碰巧正在意大利做眼科手术，替他领取了诺贝尔奖。1980年，在被剥夺了奖项和头衔之后，萨哈罗夫被放逐到了条件恶劣的高尔基城。邦纳于1984年与他团聚。鲍林尽可能把他这位前同事遭受的迫害公之于众，赛克勒也同意在《医学论坛报》上为解救萨哈罗夫而呼吁。国际上的愤怒声援似乎最终起到了作用。1985年，当戈尔巴乔夫当选总书记时，他邀请萨哈罗夫回到了莫斯科。在他回莫斯科后的第二年，萨哈罗夫即被允许正常生活和旅行，直到1989年去世。萨哈罗夫一直未停止过批评苏维埃体制。

尽管赛克勒对萨哈罗夫给予了支持，但他对政治并不感兴趣。他把自己描述为"一个带有激进倾向的、保守的自由派"，他从不向任何人、任何党派的选举运动提供赞助。当然他支持民权运动，并禁止他手下的任何公司存在任何的种族歧视。他解释说："作为一名保守的医生，我希望保护患者所有的传统权利——保护他们的隐私权，目的是保护医疗行业历史的伦理观。我希望保护开展研究的自由，我希望有权根据自己的良心和信念，负责任地行医。作为一名自由派医生，为了确保'生命、自由和追求幸福的权利'，我相信我们的人民拥有享受医疗服务的基本权利。作为社会自由派，我一直相信并坚持认为，我们的政府应该扮演独立的社会角色，承担起卫生领域的责任，还应该在工作机会、食品质量、住房条件以及在改善营养的国家行动等方面，承担起责任。作为一个科学和医学方面的激进派，我一直准备着去开拓和探索，去尝试和验证新理念、新药品、新技术和新步骤，通过从新的角度切入，来实现和保持我们传统的医学价值和科学权利。我们要寻求使我们的专业，与社会上不断增长的新技术相一致，要永远符合我们专业最高的道德、精神和物质标准。"使赛克勒厌恶的是，保守派不承认医疗是基本人权；而自由派却歪曲确保患者权利的政策；激进派则推翻经过验证的正确方法，而推出他们令人怀疑的替代方法。而最令赛克勒担心的则是，"上面各个派别的政客们，出于不负责任的私利，盘剥我们非常脆弱的医疗服务体系，盘剥处于非常敏感、非常情绪化状态之中的人民，既包括患者，也包括健康人。"

赛克勒说，《医学论坛报》的政策之一是认真避免政治问题。他提醒读者："不管您持何种政见——保守或激进、自由或中立——我们都有一个共同的目标，那就是保护健康和控制疾病。"但一旦涉及医疗卫生，便无法避开政治。他在描述1973年伊拉克发生的甲基汞中毒事件时写道："对外援助的良好用心，结果却以一个生态灾难和一份典型的流行病学报告收场。施用甲基汞和其他抗真菌药物的小麦和大麦，运到了伊拉克的各个省份。土地被污染，谷物被证实有毒，并导致多人死亡，毒死的还有鱼和禽类。"

1963年11月22日，肯尼迪遇刺身亡，林登·贝恩斯·约翰逊成为美国总统。1964年，约翰逊在大选中又以绝对优势战胜了保守派贝利·高华德，当选美国总统。肯尼迪总统和他弟弟罗伯特的顾问，克拉克·克利福德找到赛克勒，请他为总统就职演说起草演说词。后来赛克勒被告知，他所写的演说词非常符合需求，但未被采用。约翰逊签署法律要求实行平等权利，由此而来的平权法案，使非洲裔美国人获得了过去未曾享有的权利。但是，1968年4月，马丁·路德·金遇刺，两个月之后罗伯特·肯尼迪也被刺，于是整个美国动荡起来。那年，民主党全国代表大会在芝加哥举行，休伯特·汉弗莱被提名为民主党总统候选人。警察镇压了在该大会期间的示威活动，导致芝加哥发生了街头暴乱。此时，共和党候选人以法律与秩序为平台，开展竞选活动。赛克勒一般会以民主党身份投票，但1968年的大选中，他对两个主要候选人都非常失望，以至于把票投给了迪克·格里高利（他大约获得了四万七千张选票）。格里高利是位政治上很活跃的黑人喜剧演员。

外交的艺术

1930 年代，当日本侵华并把华人置于残暴统治之下的时候，赛克勒开始注意到中国人所具有的勇气。还在他读医科大学的时候，他就募集钱款、物资送往中国。他发现儒家哲学中，父子、兄弟和朋友之间的相互责任，与犹太人的教义非常相似。他研读了这个曾有过众多创新的民族的历史：第一个使用钱币，第一个使用纸张，第一个使用火药。中国人发明了指南针，并且发展了先进的天文学。赛克勒了解这一古老文化的社会等级制度，了解人们交往中的敏感之处，也了解"留面子"这一概念（即对与自己同级别或比自己级别高的人，决不可使其感到羞辱或窘迫），他还可以有效地讨论辩证二分法。

1927 年，毛泽东开始成为共产党军队的领导人，与国民党斗争，后来进行了抗日战争。赛克勒钦佩这些革命者，他们能够激励最穷困的农民，能够组织食品，供应给饥饿中的人民。中华人民共和国于 1949 年 10 月 1 日正式成立，毛主席为最高领袖。如其他很多西方人一样，赛克勒并没有意识到该政权后来会发生那么大的变化。毛泽东的"文化大革命"开始于 1966 年，表面上是要建立一个无阶级的乌托邦式的社会。"文化大革命"试图无情地根除中国人生活中所谓的"资产阶级"因素。

1972 年，美中两个大国同意互派特使，开启了外交关系正常化的进程。乔治•H. W. 布什任美国代表。理查德•尼克松总统飞赴北京，与毛主席进行了历史性的会见。几年后，随着毛泽东生病，他的影响力在下降，中国政府的孤立主义情况好转。在诸多领域，它都希望能和外界顶级专家接触，从而获得如何改进中国各方面建设的建议。这个人民共和国尤其对发展经济和追赶西方的科学技术感兴趣。当时，美国是世界上最繁荣的国家，于是，中国人邀请了一个美国杰出人物代表团访华，希望分享他们的专业知识。赛克勒入选其中，为改进中国的卫生行业出谋划策。

在一次访华情况通报会上，赛克勒遇到了剧作家亚瑟•米勒。这两位亚瑟有众多共同点。他们两人年龄相仿，都在布鲁克林长大。赛克勒非常敬佩米勒敢于反对"众议院非美活动委员会"的勇气。这让他想起了自己与基福弗的参议院反托拉斯和垄断委员会的斗争。赛克勒最喜欢的戏剧之一就是米勒的《塞勒姆的女巫》（1953 年上演）。该剧中，米勒把塞勒姆审巫案和当今国会滥用权力相提并论。当米勒的妻子英格•莫拉斯未被允许陪同他访华时，米勒拒绝了此次访问。中国人严格规定，仅允许正式受邀的个人访华，不包括配偶、家人或同事。但这两位亚瑟却从此成了朋友。

当毛主席 1976 年 9 月去世的时候，这次访问似乎将要被推迟。但继任领导人顺利地完成了权力交接。邓小平迫切地要求恢复中国与西方的联系，所以允许外国要人于 1977 年 10 月访华。这个贵宾代表团受邀访问了北京和上海，坐着笨重的大轿车参观了市容。但宽阔的街道上很少有其他汽车，只有潮水般快速涌动的自行车。马车和牲畜仍广泛用于运输。男男女女都身着样式不佳的中山装，每个人都带着并引用着《毛泽东语录》。赛克勒提到，中国人已经许久没有见过外国人了，以至于当他们受邀去动物园看熊猫的时候，那里参观的人群却盯着看他们这些外国人，而不是看那些动物。他发现那里的人非常和善，喜欢微笑而且乐于助人。他说，他从未预料到会和陌生人手拉手，快步走过外滩。

尽管食宿条件按西方的标准来说很差，但北京饭店对中国普通大众来说已可谓豪华。这是个带有苏式风格的巨大建筑。灯光昏暗、家具陈旧，巨大的吊扇在天花板上旋转。饭店员工在大门外的门廊迎候客人，随时准备提供服务，他们经常会敲门来更换暖水瓶里的热水，以方便人们随时冲泡一杯热茶。

天安门广场紧邻北京饭店，而毛泽东纪念堂位于广场的中间。这些访客们被带去参观主席的陵墓。由于是国宾，他们被插进了极长的参观队伍中，队伍中的中国人来自这个人民共和国的各个角落。参观队伍中的人们缓慢移动，充满敬意地进入伟人的陵墓，瞻仰这位新中国的奠基者。长长的队伍进入内室，毛庄严地躺在水晶棺里，有蜡像的感觉。人们在完全的静寂中，鱼贯而过。

在广场北侧紫禁城入口处，有一块巨大的标语，是郭沫若的书法。郭沫若是中国共产主义运动中，最有学识、受过最好教育的领导人之一。他曾留学于日本的医学院，当时任中国科学院院长。郭沫若的兴趣很广，包括诗歌、戏剧、历史、小说、考古和古文字学。他也非常敬佩美国对世界所作的贡献。赛克勒特意要求能得到他的会见。赛克勒不仅想和他讨论中美两国科学院之间的医学合作项目和科学交流，还想和他讨论楚帛书，因为他曾经为一件类似的"帛画"赋诗一首。不幸的是，郭沫若因病无法与赛克勒见面。8个月后，郭沫若去世了。

幸运的是，赛克勒的确遇到了一位非常与众不同的人物，后来还成了好朋友，他就是时任卫生部副部长的钱信忠。尽管彼此都不会对方的语言，但他们却心心相通。钱信忠是医生、学者和书法家，也是1949年中华人民共和国的奠基者之一，跟随毛泽东进行过长征。1934年，毛泽东和大约八万六千名共产主义者，包括钱信忠，被大约一百万国民党军队围困在中国的西南地区。但趁黑夜，他们穿过敌人防线，经过许多崎岖不平的地区，最终到达了中国的陕北。美国对蒋介石和国民党的支持延续到杜鲁门总统撤回美国的援助之前。1949年蒋介石逃往台湾，而共产主义者控制了大陆。

赛克勒走访了医院和诊所，那里的条件之差令他震惊。病床挤得到处都是，病房里充满了噪音和难闻的味道，而且没有现代化的设备。刚刚从"文化大革命"的黑暗中走出来，又与外界隔绝，多数中国医生完全不了解过去十年中西方世界在医学方面的进展。赛克勒要求观摩手术。手术中唯一的麻醉是针灸，而且看上去效果良好。赛克勒还观摩了用火罐治疗病患，这种古老的医术把火罐放在人的皮肤上，此前他只在书里读到过。赛克勒向钱副部长保证，他会尽其所能，帮助改进中国的卫生计划。

当美国代表团被带去参观故宫博物院的时候，他们吃惊地发现那里的情况非常破败，然而这已经是中国保存较好的博物馆了。蒋介石把博物院里多数最好的藏品带去了台湾，中国政府对此非常愤怒。但显然，中国人那时不太关心艺术，不管是现代艺术还是过去的艺术，他们的注意力集中在发展技术上。在"文化大革命"期间，科学家和艺术家受到迫害。科学中心被拆散，很多知识分子和鉴赏家被迫害致死。赛克勒吃惊地发现，中国人那时并不了解或不欣赏自己的过去。他提醒他们其历史如何灿烂、艺术怎样辉煌。他试图向他们解释艺术对世界的重要意义，文化远胜于政治，可以构筑起民族间沟通的更为坚实的桥梁。

赛克勒在首次访华之后，就一直在思考如何帮助中国提高医疗卫生水平。赛克勒向钱信忠提出，希望与中国合作，把《医学论坛报》大家庭延伸到中国，把西方医学的最新发展和先进技术的新闻带入中国。钱信忠非常看重这个合作项目，他认为这是向封闭了几十年的中国卫生领域输送新鲜空气和养料最快、最便捷的方式。当时中国的医务人员很少有

赛克勒博士和钱信忠部长

机会,也很少有人能看懂外文的文献资料,而当时翻译出版的医学文献至少会延后两三年。如果能在中国办一份中文的医学论坛报,就可以使广大医学工作者以最快的速度获取世界上最新的医学科学知识,这对提高中国医务人员的业务水平具有重要意义。赛克勒遵守了对钱副部长的承诺,把最新的医学出版物和书籍寄给中国,并且坚持按时邮寄。中国人还希望获取以前的学术期刊,最早到 60 年代,那些在中国很匮乏,赛克勒填补了这个空白。他告诉订阅《医学论坛报》的医生们,如果他们愿意把他们领域内学术期刊的过刊送给中国,他愿意承担邮费。当纽约市处理旧公共汽车的时候,他安排把这些汽车运到上海,上海是纽约的姐妹城市。爱德华·科赫市长任命他为纽约—上海姐妹城市项目主席。

在华盛顿特区,赛克勒联系了中国联络办公室主任,并就诊所的重组提出了一些建议。而且每当中国有代表团访问美国,他都会去与其会面。吉米·卡特总统的科学顾问弗兰克·普雷斯当时正计划出访中国,赛克勒建议他安排两国间的师生交流。赛克勒对大批中国学生来美国一事很谨慎,担心他们可能会滞留不归。但如果资助美国教授去中国执教几个月或一年,则可以避免这一问题。1979 年,副总理邓小平接受了卡特总统的邀请,到访美国首都。赛克勒参加了邓小平的两次招待会。邓小平讲话的主旨是台湾应该回归祖国。而卡特总统也强调了,他的外交政策将坚持确保人权。但考虑到要从建立友善的关系开始,不能期望让一个骄傲而强大的民族马上就顺从西方的指令从而失去面子,该政策有所松动。

1978 年,钱副部长访问了美国的几座城市。在纽约的时候,他和赛克勒有数次会面,探讨世界各民族的健康问题。赛克勒设午宴和晚宴款待该代表团。他还带他们去看纽约市芭蕾舞团的演出,场间休息的时候,赛克勒把舞蹈编导乔治·巴兰钦引见给钱副部长。赛克勒还带他到大都会博物馆,参观了自己的中国雕塑陈列室以及后面的内室。钱信忠告诉赛克勒他希望能不通过翻译和他交谈,并说回北京后会开始学英语。他还邀请赛克勒尽快率团访问中国。

赛克勒计划再次访华,而且准备携夫人、他的几名工作人员还有一位中国艺术和考古专家出访。他们于 1980 年 9 月启程,已升任卫生部部长的钱信忠亲自到北京机场欢迎他们。在一个正式仪式上,钱部长说,他对赛克勒 1976 年访华后对中国所作贡献印象深刻。他们多次会面,并一起参观医院和诊所,巡视病房并参观患者的诊治过程。北京医院的建筑和内景,使赛克勒回想起当年在纽约贝尔维尤医院的情景,那时他在那儿学医并做临床实习。

赛克勒对中国人的饮食提出了许多具体建议。他告诉他们,蛀牙问题普遍的直接原因是中国人常喝的劣质、过甜的软饮料。他还说,他的营养学基金会发现,通过补充维生素和其他矿物质,可以治愈许多常见小病。他提议次年召开一次国际医学会议。他作了中国药品研发框架,计划发展传统和天然药物。他说这可以给中国带来数以十亿美元计的收入。他使他们确信,他了解西方所有的制药企业,可以给中国推荐最好的合作伙伴。他认为中国可以生产廉价的抗坏血酸和其他维生素,并敦促他们建立生命科学研究设施。中国副总理黄华接见了赛克勒,他们讨论了宗教以及与梵蒂冈和以色列的关系问题。黄华对赛克勒大加赞扬,把他同列宁相比。他说,尽管列宁是马克思主义学者,但赛克勒与他相似,二人均有与众不同的思维方式。

赛克勒在很多方面喜欢中国饮食。他印象很深的是主食大米饭加大量蔬菜,如果经济条件许可,再加少量蛋白质食物。谷氨酸钠(味精)这种独具特色的成分令他很好奇,他怀疑它可能对大脑有益。赛克勒认为,绿茶不同于其他那些带甜味的中式汽水,是一种健康饮料。

赛克勒与钱信忠及其医疗界的同事们相处时,一贯显示出外交家的练达。他曾对他们说:"有一天,我在中国历史博物馆,看到了一幅很有趣的画作。我说'这是一幅朱耷的作品',因为它有朱耷的风格,而且也具有中国艺术家们数个世纪以来所说的'质'。

赛克勒博士和钱部长在大都会博物馆内室

赛克勒博士将乾隆宝座
交予中华人民共和国

西方没有合适的词语来表达这个意思。我把墨涂到纸上，与董其昌、龚贤、道济和朱耷把墨涂到纸上，其效果的差别就是'质'。前者仅仅是墨和纸，而后者则为杰作。我希望我们之间技术交流的协议和国家之间的条约永远都有这种'质'。"

钱部长在天安门广场附近的人民大会堂为赛克勒举行了一场欢迎宴会。很多客人在大会堂门外，以及内部的大厅，列队欢迎赛克勒一行。首先，大家一起照了一张全景合影。宴会正式、优雅，上了很多道菜。钱部长感谢赛克勒在纽约的热情款待。他个人非常珍惜为中美两国文化和科技交流所作出的努力。赛克勒对中国医疗卫生事业发展所给予的慷慨帮助，证明他是中国真正的朋友。钱部长说，过去的30年里，中国在改变以往的贫困方面取得了成就，但仍需要努力在经济、文化、科学和技术方面赶上发达国家。

在致答辞中，赛克勒提到，即使仅仅在过去的几年，他已经看到了非常多的进步。钱部长过谦了。中国在基本健康服务、营养和教育等方面，都发生了奇迹般的变化。他说："在1930年代，我知道世界的未来依赖于，在我的国家保持华盛顿、杰斐逊和林肯的民主理想，也依赖于，在解放的中国，建立一个正如我们一样，致力于人们福祉的共和国。而那时我不知道的是，我会如此幸运地来到这里，在这一场合与大家一起，有幸为中美两国人民的永久友谊而举杯祝愿，而这一友谊，乃是世界和平与进步的关键。"

1980年访华时，赛克勒向中国正式归还了圆明园乾隆皇帝的宝座。1860年，英国、法国军队劫掠并摧毁了圆明园。迄今它仍是一片废墟。赛克勒知道，中国人仍然憎恨西方的侵略，并想要回被劫掠的文物。在故宫博物院早上举行的一个仪式上，赛克勒把这件国宝交给了彭炎院长。中国文化部、教育部的部长，以及其他中国官员参加了该交接仪式。中国电视台还对此进行了录像。相应的，美国驻华大使伦纳德·伍德科克也出席了该仪式。伦纳德·伍德科克是1979年获任的第一任美国驻华大使。赛克勒致开篇辞时说："作为给中国人民和中华人民共和国的礼物，我们把这件展现中国人民天才和文化的作品奉还中国，以示我们的敬意和情谊。过去，这一宝座标志着皇帝的统治。而今天，它代表着一个民族的主权。在将来，它将代表中国、美国还有世界历史的新纪元。它是一个礼物，更是一个友谊的象征。愿它成为中美两国人民之间友谊的永久纪念。"接下来，彭炎说明了该宝座的重要意义，并称赞了其玉雕般精美的雕工。

在"友谊宝座"交接仪式上，中国文化部长的一席话，推动了一项重要的教育捐助。这位部长说："赛克勒博士，我们知道你有一个非常重要的中国艺术品收藏。你能不能把它还给中国？"赛克勒回答道："你们这里有这么多的瑰宝，不需要我的收藏。更为重要的是，要让全世界的其他民族都能看到你们的成就。但我确信，这里确实需要更多懂

63

道济 《上界三峰图》
藏于普林斯顿大学赛克勒美术馆

艺术的人才。我可以帮助建造一座教学博物馆，用来培训学生如何欣赏艺术，如何经营现代博物馆，如何成为这一领域的专业人才。若你们提名一所大学，我将提供资金来建造这座博物馆。"

赛克勒代表团参观了颐和园。由于颐和园并非代表值得骄傲的历史，所以外国人那时一般难获参观机会。他们看到了石舫，还在宁静的湖中泛舟。该湖是根据乾隆皇帝的旨意，全真模仿杭州西湖而成。他们还参观了几处照明昏暗、尘土遍地的博物馆，那些博物馆缺乏温度和湿度控制设备和其他现代展览设施。他们还参观了天安门广场南面的天坛，并在令人惊叹的紫禁城参观了很长时间。

赛克勒一行乘坐一架老旧的苏联飞机来到了陕西省会西安。西安故名长安，曾经是唐朝（公元618—907）的都城。一群代表在跑道上欢迎赛克勒一行到来。赛克勒说："公元8世纪的时候，这里是世界上最伟大的城市，无论人口、面积、房屋建筑，还是艺术、经济学和商业。唯一有可能与其匹敌的是拜占庭。长安的含义是'长久和平'或'长久安全'。'和平'与'安全'用同一个汉字表达，这可以很好地印证中国人的千古宏愿。"显然，那时的西安还没有做好迎接四海宾朋的准备，但为了参观正在发掘的秦始皇兵马俑，忍受一下原始的生活条件是值得的。兵马俑中任何两名士兵、弓箭手的面部神态都不相同。值得一提的是，这些保存完美的真人大小的陶俑，是1974年农民在打井的时候发现的。

赛克勒一行接下来参观了53英里外的乾陵及其陪葬墓。赛克勒注意到，那里所见到的唐朝石雕，要比散布在中国以外西方和亚洲所有博物馆中的总和还要多。陵墓内中央甬道旁有橱窗一样的壁龛，里面有作为冥器的陶俑，穿过之后，他们来到了放置石棺的房间。当看到超过20幅的唐朝壁画时，赛克勒异常激动，因为赛克勒承认："西方所知道的所有唐朝帛画（连真带假）很可能也不过几十幅。"他注意到，游客呼出的水汽凝结在墙壁表面，因而墙壁是湿的，所以保护是个问题。他支持在发展出可以保护这些伟大遗迹千古长存的新技术之前，推迟开放众多其他墓室的政策。

热情好客的主人们问赛克勒还想参观哪些地方，还想看哪些东西。于是他根据古籍中的记载，拟订了一份参观日程。应赛克勒要求，他们从西安飞赴桂林，乘船而下游览了著名的漓江。然后途径三峡，游览了重庆。他知道，诗歌与传奇中称颂的这片土地，将会由于一个巨型水电工程而被淹没。他立刻就认出了经由中国国画熟识的尖尖的山峰，它们给予了古代艺术家创作的灵感。他曾经认为这些棱角分明的山峰仅仅是画家的想象。之后，应赛克勒要求，他们游览了杭州，并在杭州乘船游览了雾中的西湖。继而，他们又游览了苏州，参观了著名的苏州园林，见到了石灰岩侵蚀而成的嶙峋怪石。

回到纽约之后，赛克勒和钱部长书面确认，将在华开设《医学论坛报》办事处。当他们选定了国际营养学会议的会址以后，赛克勒就着手准备组织会议。他还与中国文化部和教育部确认，计划建造一座教学博物馆。他主动提出，资助著名美国医生和科学家来华举行讲座，还与罗氏及辉瑞两家公司接洽，探讨在华设厂生产抗坏血酸。当时冷战仍酣，美国媒体并不了解其中的复杂情况，所以常常严厉批评中国。因而，在《医学论坛报》的专栏里，赛克勒为中国解释道，中国正致力于在不造成国内混乱的情况下，实现现代化。而中国首次实现粮食自给，也给赛克勒留下了深刻印象。他理解中国希望通过自强来捍卫自己，因为中国有长时间被外国入侵的历史。他钦佩邓小平开放了中国的贸易和投资，使数以千万计的中国人脱离了国际贫困线。中国已经成为世界工厂。现代化的居住区替代了原来的贫民窟；摩天大楼在城市中崛起；高速公路取代了泥土路；汽车正在代替自行车。赛克勒认为，凭借中国人民的智慧和积极性，未来的中国会成为世界强国。他意识到中国和美国的合作势在必行。二者必须学会彼此沟通，从而形成对抗苏联的联盟。

钱部长称赞赛克勒为白求恩。在日本侵华期间，加拿大医生白求恩为中国人民解除病痛，成为共产主义者的英雄。在极其原始的条件下，凭借出色的组织才能，白求恩建立起医疗基地，向中国外科医生传授医术。1939年，他在手术中不幸划破手指，造成感染，为助力中国人民的事业而牺牲。钱部长说赛克勒正以白求恩的精神，为中国工作。

赛克勒会见了彭炎和其他官员，进一步商讨建立教学博物馆的提议。为子孙后代而保护中国的历史遗产是一项艰巨任务，他希望能为此作出贡献。他憧憬通过这样一个博物馆，培训新一代的考古学家和博物馆工作者，并通过他们带动全中国的博物馆和大学，从而确保这些宝贵历史遗产的保护和展出。在一次宴会上，赛克勒重申他热爱中国艺术。他还解释道："对中国来说非常不幸，历史上多届政府无能，导致文化难以兴盛。腐败和贫穷导致优秀的艺术瑰宝从中国流失。正如中国艺术家丰富了世界的审美，中国的艺术瑰宝也进一步丰富了世界，而这个世界对中国人民伟大的创造力所知甚少，有待加深了解。这些青铜器、瓷器、石雕和绘画方面的艺术瑰宝，导致西方艺术史中一个重要领域的学术研究得以兴盛，也为中国式审美被更好地理解作出了贡献。"赛克勒期盼着"在中国，这个为世界贡献出如此众多伟大艺术品的国度中，西方艺术历史研究和中国的鉴赏力能够合作和融合"。同时他也期盼着："伟大的西方审美艺术品也可以进入中国，从而也可以为中国的学者和艺术家作出贡献。"然后他举杯祝愿"中国艺术家的天才和中国审美的崇高成就，长久繁荣"。

在同一次访华中，他还见到了邓朴方。邓朴方是邓小平的儿子，时任中国残联副主席。邓朴方曾在"文革"期间受到冲击，下肢残疾。赛克勒提出要建立一个国际协会，证明"残疾"不一定影响生活的丰富多彩。他知道，只要一点点帮助，残疾人就可以战胜自身的

不便,学会谋生手段。赛克勒回到纽约后践行了自己的诺言,成立了"特殊技能协会"。与他交流过该计划的人之一是他的好朋友伊萨克·帕尔曼。他还促请帕尔曼访华,帕尔曼答应了。他那时已经开始为残疾人更方便地进入大楼和公交车而努力。即使在纽约或西方发达世界的任何其他地方,残疾人设施也还很不完善。

1981年,国际营养学会议在北京附近的天津市召开。该会议由赛克勒的营养学基金会和《医学论坛报》赞助,吸引了200名参会者,其中包括鲍林和很多其他营养学领域的著名专家。赛克勒说,中国代表着"菜肴中的至善"。他注意到,在写于两千年前的"三礼"中,即把成为中国绅士的条件之一定义为"具备饮食方面的相关知识以及制作技巧"。他对中国传统饮食的营养成分大为赞赏。他解释说:"中餐中确保有大量的抗坏血酸,而葡萄糖是一种几乎无处不在的主要能量来源。植物种子确实不含抗坏血酸,但一旦发芽,即开始合成抗坏血酸。除人类、猴子和豚鼠外,其他哺乳动物的肝脏可以利用血糖合成抗坏血酸。华人不仅广泛食用豆类而且还包括豆芽,这在营养学和厨艺方面是多么伟大的成就!我听说,人们在离海几千英里之外的中国农民家里,可以吃到新鲜的鲤鱼。鱼类养殖看来也已经有数千年历史了。"

尽管受到了美国国内一些人的怀疑,赛克勒仍继续着与中国领导人的联络工作。他对胡耀邦强调说:"惧怕是进步的敌人,而理解是进步的基础。这就是为何我们必须共同努力,把理解和知识带给我们两国人民,实际上是带给全世界人民。医生和科学家们能够理解前进路上的问题,我们可以理解建成更好、更健康、更和平的世界所需的要素。在贫穷的海洋中,不会有仅为岛上少数几个人而存在的幸福和繁荣……让我们为人民之间成功而迅速的知识交流而共同举杯,这种交流一定会有益于美中两国以及全世界。"

赛克勒指定前外交官,柯蒂斯·卡特,领导其基金会在中国的运作。卡特每年都要来华数次,确保各个项目平稳进行。他还对《中国医学论坛报》进行监督,并参与了赛克勒教学博物馆的建设规划。

赛克勒的另一个深切希望,是把三个伟大的亚伯拉罕宗教,即犹太教、基督教和伊斯兰教,通过教派统合而团结到一起。他仍希望在耶路撒冷建立一个教派统合博物馆。纵贯历史,宗教是如此众多敌意的源头,但他希望这三个关联宗教的信徒,能够关注他们的共同之处,从而在他们的圣城成就和平。在一次联合国在纽约赞助的教派统合大会上,他从莫里恩神父处获知,卡萨罗利大主教,即梵蒂冈的外交部长,曾读过他的文章,并希望能与其会面。莫里恩神父是罗马神圣社会研究国际大学校长。卡萨罗利大主教再次访问纽约时,赛克勒在联合国见到了他。卡萨罗利说,教皇对宗教,尤其是天主教,在共产主

义苏联的境况非常关注。显然,马克思主义没有发挥作用,面对变化中的世界,人民需要一种新的哲学,新的、正面的信条。他们相信,俄国人不会更长久地接受有限的自由。赛克勒对卡萨罗利说,教皇约翰二十三世的通谕,是一份非常重要的社会文件,是一份20世纪的《大宪章》,应该成为学校的教材。赛克勒和卡萨罗利为此项目工作了数年。

赛克勒坚持认为,每个早期人类社会,都有类似于《十诫》的一系列关于"何可为"与"何不可为"的训诫。这些训诫规定了个人对部落、国家或国王的责任,并继而演化成了美国、法国和其他国家革命中的"人权"。他补充说:"在如今的民主社会,我们看到人权的钟摆已经摆到了权利的极限,而几乎完全排斥个人的责任。"赛克勒对卡萨罗利坦言,他既不信仰任何宗教教条,也不参加任何宗教仪式。而卡萨罗利却断言:"但您非常虔诚。"

赛克勒和卡萨罗利保持着书信往来,后来赛克勒安排去罗马觐见教皇。但1978年9月28日,刚刚履职一个月的约翰·保罗教皇就辞世了。赛克勒预期觐见约定将被取消,但他却被告知可以按原计划到罗马。接下来,赛克勒到了罗马,参加了梵蒂冈的教皇遴选会议及新教皇的登基仪式。1978年10月16日,58岁的波兰牧师卡罗尔·沃伊蒂瓦被指定为教皇,他非常合适而且精力充沛。由于他来自苏联集团的铁幕之内,所以非常符合赛克勒缓和与共产主义者关系的愿望。登基大典时,赛克勒坐在了圣彼得大教堂的前排。当约翰·保罗二世与其会面时,似乎对赛克勒和中国的联系非常感兴趣。教皇希望可以在中国重新建立天主教教会,赛克勒答应给予帮助。两人还谈及梵蒂冈承认以色列,以及在耶路撒冷建立全球教派统合博物馆的问题。

赛克勒对保罗二世教皇的"明星气质"印象非常深刻。到1970年代,苏联社会主义阵营的严密控制开始松动。当新教皇于1979年回到家乡波兰的时候,受到了波兰人的热情欢迎。他带给所有欧洲人以希望,将来有一天他们可以自己管理自己的事物,决定自己的信仰。1979年10月2日,当这位新教皇抵达纽约拉瓜迪亚机场的时候,他俯身亲吻了这块土地。车队护送他前往下榻处参加午宴,而赛克勒是十余位特邀嘉宾之一。在与教皇会面的过程中,赛克勒提及了以色列,但教皇好像仅对中国感兴趣。他已经派遣了两个特使前往北京,又说与这个共产主义政府建立个人联系最为重要。那天下午晚些时候,赛克勒和卡萨罗利进行了私人会谈,并提议他尽快会见耶路撒冷市长科勒克。不幸的是,梵蒂冈还在讨论耶路撒冷的特殊地位,所以他还不能会见任何以色列官员。

赛克勒与教皇天主教会事务特使保持着密切联系。1979年在联合国的一次午餐时,赛克勒与杰奎琳·肯尼迪坐在一起。搭她车回程的时候,赛克勒邀请她加入他的"人性与神圣教派统合理事会"。赛克勒和教皇特使讨论过这一想法,希望能邀请像杰奎琳·肯尼迪、玛格丽特·米德、马丁·路德·金遗孀科丽塔等著名女性加入进来,因为宗教圈内几乎都是男性。赛克勒还想邀请一位穆斯林,他提议让埃及总统萨达特的夫人贾汉·萨达特

乔凡尼·凯利大主教,教皇约翰·保罗二世和赛克勒博士

做第四位女性领导者。但在萨达特总统遇刺后，该理事会的前景黯淡下来。

1980年赛克勒回到罗马，在圣彼得大教堂参加大主教卡萨罗利晋升为红衣主教的仪式。共有14名新晋职的红衣主教，教皇授予每个人一个自己的教堂。卡萨罗利是梵蒂冈的外交部长，位置仅次于教皇本人，所以他代表所有红衣主教讲话。有流言称卡萨罗利并不得教皇喜欢，但保罗二世也意识到他是一个最优秀的战略思想家。访问期间，赛克勒还在罗马神圣社会研究国际大学见到了莫里恩神父。该大学是一所非宗派学校，它发展民主概念并研究如何通过大众传媒实现这一目标。他还会见了宗座科学院院长、恩里科·罗瓦森达神父。宗座科学院源自1603年费德里科·塞西创建的灵采研究院。赛克勒解释说："该科学院院士可达70人。教皇每两年钦定两名新院士。目前有来自不同信仰、不同民族和种族的63名院士，代表24个国家。宗座科学院的出版物可以反映出目前科学的发展现状，包括诸如数学、物理学、自然科学和认识论。"

赛克勒还觐见了保罗二世教皇。教皇表扬了赛克勒的科学研究工作，并提到了现代科学家可以取得的伟大医学和科学进展。他希望宗座科学院能融入现代世界，让人们不再认为梵蒂冈总在质疑科学界的所有新主张。赛克勒不认为宗座科学院能参与最尖端的科学研发，但认为教皇可以在世界营养学界担当精神领袖。他指出，未来的战争会因食品和水源而起，因此梵蒂冈应该提醒各国，并促使各国政府采取措施消除饥饿。他提到了他的营养学基金会，以及关于营养素的一些重要的新发现。他提出，如果教皇可以在罗马主持一个教派统合营养委员会，那将会高调地对公众进行营养教育，并帮助消除饥饿。教皇可以讲一讲"生命的粮"。 赛克勒知道他可以请鲍林和威廉姆斯参与进来。

而教皇更感兴趣的是赛克勒在如何使天主教在中国复兴方面的见解。1951年，梵蒂冈就和中国的共产主义政府之间断绝了外交联系。在中国有一个小的"官方教会"（中国说这可以证明它在宗教方面的宽容政策），但有人怀疑有数百万人参与"地下教会"。赛克勒说他很愿意提供帮助，并说他下一年会访问中国。他补充说，他将马上去耶路撒冷，而该市市长泰迪·科勒克曾经提到，如果教皇能够明确表明，基督教徒和犹太教徒之间的仇恨已经成为过去，那将会非常重要。赛克勒促请教皇正式承认以色列。

赛克勒私下会晤了卡萨罗利。他指出，教皇对口服避孕药和其他避孕措施的批评，正在激起美国天主教徒对梵蒂冈的不满。他们指责保罗二世教皇像他的前任们一样守旧。他告诉卡萨罗利有一种南美植物（与药用植物阿魏相关），可能可以作为口服避孕药的替代品。既然该植物能生长，那么一定是"上帝所赐"。卡萨罗利认为这是神的启示，并答应将会和教皇讨论此事。赛克勒从罗马直飞耶路撒冷。当他抵达宾馆的时候，指挥家祖宾·梅塔打电话来请他出席晚上的音乐会。赛克勒随即对其建议，以色列管弦乐团应该去梵蒂冈演出。

赛克勒把他与保罗二世教皇令人鼓舞的会晤告诉了科勒克市长。对于耶路撒冷来说，进行合作是很重要的。所以赛克勒促请科勒克帮助以色列和梵蒂冈形成和谐的关系。他说他几个月后会出访中国，他希望推进梵蒂冈和以色列改善相互关系，但希望能有些积极成果作为回报。科勒克仍对梵蒂冈心存疑虑。基督徒正在快速离开以色列，因此以色列一直在寻求教皇对以色列的教会予以支持。基督徒对以色列是有益的，而且他们和犹太人相处良好。赛克勒会晤的另一位政府官员不太支持国际合作。因为每当以色列提出类似建议，对以色列的敌意都不曾有任何减少。

大都会博物馆的经历

1966年詹姆士·罗瑞默去世后，大都会博物需要一位新馆长。那时候的大都会博物馆因脱离大众，而被纽约的《村声》周报称为"城里的阳春白雪"。它缺乏的不仅是资金，而且还有新鲜的理念。大都会博物馆董事长亚瑟·霍顿尤其急于找到一位杰出人才，组织该机构即将到来的百年庆典。许多候选人通过了筛选，但到秋天，呼声领先的是托马斯·霍文。霍文在加入约翰·林赛市长的行政团队，任公园专员之前，曾任修道院艺术博物馆中世纪艺术分馆馆长。他看上去像是拥有所需资质的合适人选，他精力充沛而且具有筹集资金重整大都会博物馆的能力。他承认自己是"喜欢自我宣传的人"，而这家古板的博物馆正需要有人把它重新拉回到新闻之中。12月，托马斯·霍文受聘成为大都会博物馆的下一任馆长。

霍文是个非常出色的表演者。在他的带领下，大都会博物馆很快就领跑全球，并被称为"纽约市最佳旅游点"。霍文的第一步是扩建并改善馆舍，使大英博物馆、卢浮宫和艾尔米塔什博物馆相形见绌。1970年，他聘请建筑师凯文·洛奇和约翰·丁克路设计了宽敞的北、南、西三翼，并进行整体整修改进。大都会博物馆归纽约市公园局管辖，而霍文恰好可以利用他了解市长办公室套路的优势，想办法把事情办成。尽管要等多年以后该扩建才得到了广泛认可，但这些创新标志着大都会博物馆一个新纪元的开启。

变革是困难的，而霍文在大都会博物馆的最初几年也并非一帆风顺。那段时间的大都会博物馆在他的回忆中"是个非常危险的地方"，是个"致命的丛林"。他的聘用和解聘政策自然引起了博物馆员工的不满，他偏于夸张的性格，在庄严的博物馆里激起了层层波澜。

这位大都会博物馆的新馆长，需要获取昂贵而出色的藏品来博取关注。他的前任在扩大博物馆收藏方面做得相当出色。罗瑞默的杰作是购入了伦勃朗1653年创作的《亚里士多德和荷马半身像》，这是此前最昂贵的画作。（1961年，大都会博物馆为此支出了230万美元。）霍文想要搞到一件可以与其匹敌的藏品，但却在竞拍一幅20世纪美国最重要的收藏画作时，败下阵来。1967年，列支敦士登皇室欲出售达·芬奇的一幅佛罗伦萨美女吉内芙拉·德·班琪的早期画像，华盛顿特区国家美术馆在竞拍中以560万美元胜出，这是此前单幅画作最高成交价。1972年，霍文劝说大都会博物馆董事会，动用多种限制性购买基金，花费400万美元，买入了委拉斯凯兹的代表作《胡安·德·巴雷哈肖像》。这样，霍文报了1967年落败之仇。

然而，霍文执掌大都会博物馆期间最大的惊喜，却是得到了一座真正的埃及神庙。1959年10月1日，埃及政府为了感谢美国政府捐资1600万美元，帮助保护受阿斯旺水坝计划威胁的古迹，而宣布将允许一座神庙迁往美国。丹铎神庙被选中。很多博物馆都想得到它，其中四座博物馆认真进行了投标。因为史密森尼博物院行政总裁狄龙·利波雷希望把该神庙迁至波多马克河岸，所以很多人认为这座神庙最后会落户华盛顿特区。而且杰奎琳·肯尼迪也想把它迁至首都华盛顿，作为对其先夫肯尼迪总统的纪念。

丹铎神庙由罗马帝国皇帝奥古斯都建于大约公元前15年，用于祭拜伊希斯女神和冥神。当公元6世纪基督教传入埃及时，曾被短暂用为埃及本地科普特基督教派的教堂。神庙增加了一个入口，墙面也涂上了石膏，而其中的雕刻则任由其消泯。基督教在该地区衰落之后，该神庙被弃用并逐渐衰败。19世纪时，游客们的涂鸦造成了该神庙进一步的破坏。1932年第一座水坝建成的时候，一年之中部分时间该神庙会略有浸水。为了防止其被阿斯旺水坝彻底淹没，1963年该神庙被迁出。

霍文决心要拿到这座神庙，它可能是第一座，而且也是唯一一座完整迁入美国的埃及神庙。罗伯特·瓦格纳市长、市政专员埃莉诺·古根海默也加入进来，拨出资金用于该项目。后来，尼尔森·洛克菲勒州长和参议员罗伯特·肯尼迪也表示了支持。最后，杰奎琳·肯尼迪终于同意，大都会博物馆有资格收藏这座神庙。

赛克勒博士，菲利普·德·蒙特贝罗，赛克勒夫人，普拉西多·多明戈
大都会艺术博物馆赛克勒楼

大都会艺术博物馆赛克勒楼

霍文向约翰逊委员会建议,应该对丹铎神庙进行封闭保护,并进行照明,从而使其在夜间也可以从外面看到。1967年4月29日,林登·约翰逊总统宣布大都会博物馆赢得了这次竞争。尽管受到了1967年6月第三次中东战争的威胁,但该项目仍得以实施。

刚刚开始馆长任期就收获如此胜利,霍文当然极其兴奋,但接下来他得为此筹集资金。他找到了大都会博物馆的董事会,也接洽了其他主要的潜在捐助者,但没有一个人愿意提供支持。这一时期,多数捐助者和收藏家更注重欧洲艺术品。霍文找到了莉拉·艾奇逊·华莱士,但她更愿意出资翻新博物馆大厅和花卉摆设,而非任何埃及神庙。数年之内,竟无一名捐助者愿为此解囊。

赛克勒也是大都会博物馆的一名主要捐助者,霍文在成为馆长之后仅数月内就见过赛克勒。赛克勒邀请霍文作为"特邀嘉宾",出席了1967年末在哥伦比亚大学举行的一次关于太平洋地区文化的重要会议。赛克勒也曾对霍文讲起,除非大都会博物馆的亚洲部能有一位有能力的负责人,否则它不配属于一个伟大的博物馆。赛克勒提议普林斯顿大学的方闻担任该职位,认为他集专业知识、热情和筹款能力于一身。尽管大都会博物馆里某些人认为方闻资历不够,但赛克勒仍对其极力推荐。最终,方闻被恰当地任命为大都会博物馆东方艺术咨询委员会主席。在此期间,方闻一直保留着他在普林斯顿大学的职位。

赛克勒希望通过任命一位馆长,可以增加对大都会博物馆内亚洲艺术的兴趣。他鼓励方闻积累所属部门的馆藏并增加陈列面积。赛克勒继续捐资购入该馆所需的中国艺术杰作,而且他的亚洲收藏,既包括大都会博物馆内室储藏的,也包括他家中乃至仓库中的,都可以随时用于展览。

大都会博物馆承诺运作一次大型的赛克勒中国艺术品收藏展,包括玉器、青铜器、瓷器、漆器、石雕和绘画。赛克勒同意捐助所需的管理和编制目录的费用。1972年,大都会博物馆致信赛克勒,希望借用其各种艺术品三年,以便进行永久性布展,并说:"您慷慨的出借,即便短期,也会给予我们的计划以巨大推动。"他们进一步承诺,该展览"将于两年内"开幕。协议被批准并签署后不久,在他的资助下,他的朋友保罗·辛格博士即开始编写"千件杰作"目录。辛格是位犹太医生,二战期间逃离奥地利到了伦敦,然后到了纽约。他和他的妻子伊娃曾在维也纳广泛交游。他经常跟赛克勒提起他妻子和玛琳·黛德丽的友情故事。辛格是位真正的鉴赏家,并且喜欢参加拍卖会。但由于他那时仅是一位执业医师,为了买入更多艺术品,他不得不经常卖出他的藏品。他妻子去世后,他独自生活在新泽西一所小公寓内,里面摆满了数以百计的艺术品,主要为中国古董。赛克勒和辛格同为精神病医生和艺术品收藏家,彼此相互尊重。赛克勒曾问辛格最终将如何处置他的藏品,辛格说他并不在意,他说"人死了就是死了"。因此,他们达成协议,赛克勒定期支付给辛格酬劳,如果有重要艺术品出现,赛克勒可能会付给辛格更多;而在辛格去世后,他的藏品将属于赛克勒。这一协议不仅使辛格得以继续购入艺术品,还可以确保赛克勒能够得到这一杰出收藏。

罗瑞默的协议还在执行,有了霍文的许可,辛格来到赛克勒在大都会博物馆的内室工作,这个内室也就是几间位于大都会博物馆深处的没有窗子的储藏室,很多赛克勒的藏品在这里被储存、研究、编目,有时候也会被展览。同年,亚洲艺术品专家洛伊丝·卡茨离开布鲁克林博物馆,成为赛克勒的全职收藏品管理员。她负责为藏品登记、规划、编辑或编写学术目录、组织赛克勒藏品在全球的展览。她记得赛克勒曾对她说过:"我无法和你生活在一起,但离开你我没法生活。"她在内室也有一间办公室,并有一部独立的电话,这样大都会博物馆就不必为其付费了。

有一次,卡茨从内室惊恐地打电话给赛克勒。某种真菌正侵蚀楚帛书,他们正试图杀死这种真菌。被真菌侵蚀的那部分楚帛书颜色变浅了,但奇怪的是上面的文字却更加清晰了。赛克勒在电话里问:"你还能看见上面的象形文字吗?"她回答:"比原来清楚多了。"

赛克勒说:"那么先不要杀死这种真菌,我马上就过来。"他立刻赶了过来。但等他来到,那种真菌已经死了。他认为该真菌可以神奇地复原古代纤维,并试图在他的实验室中加以培养,但一直未能成功。楚帛书只有四分之一被清洁了。

直到1973,霍文才向赛克勒寻求对丹铎神庙项目进行捐助。后来,霍文为了吹嘘他寻求捐助人的能力,说他当时注意到赛克勒担忧中东局势,并希望以色列和埃及能够团结。当霍文提议作一项附加命名的捐助时,赛克勒马上意识到,这座拥有2000年历史的埃及神庙,将会成为大都会博物馆考古瑰宝的绚丽补充。而放置该神庙的建筑,也会给纽约市带来一处宽阔的新空间。他朗声数到十,然后说:"好,我同意。"之后补充说,霍文应该记住,他只用了十秒钟,就同意捐助如此一笔巨款。他唯一的要求是,他的捐款数额,要与大都会博物馆迈克尔·C.洛克菲勒楼所接受的捐款一致,该楼位于博物馆南侧。(该楼是献给尼尔森·洛克菲勒之子迈克尔的。他于1961年前往巴布亚新几内亚的旅途中失踪。)由此该笔捐款数额确定。赛克勒说他会邀请他的弟弟们加入进来,但如果他们不同意,他将会独立完成此项捐助。

霍文大喜。他在1973年9月7日给赛克勒的信中,表达了他的感激之情:

> 在本博物馆中,我已与大小捐助者建立有长期且全方位的关系,但在我的经历中从未能遇到与您一样的捐助者。通过您的慷慨捐助和具有远见卓识的协议,世界上最令人兴奋的博物馆建筑将被建成,数以百万计的参观者,在未来的岁月中,将会有幸欣赏到伟大的艺术品。借此,您极大地推进了学术研究事业和知识的传播。而您所做的还不止于此。对于本馆,您展现了最细致入微的关照。您还表现出了性格上的成熟、深沉与力量,以及某种优雅的豁达,坦率而言,本馆并未做到在任何时候都能给予您足够的尊重和礼遇。做一个金钱上的捐助者是一回事,而做一名人性上的捐助者,在当今世界上则极为难能可贵。本馆的历史将会永远铭记,您这世所罕有的伟大善举。如我所说,在大都会博物馆建馆104年以来,您之善举,无与伦比。
> 深表谢意并致最高敬意。
>
> 汤姆·霍文

在赛克勒楼的协议签署后,赛克勒提议,由他出资把埃及方尖碑从其在中央公园的现址,移至馆舍的北楼之内,或北楼北侧,选址时要考虑它和第五大道以及一条穿城而过的街道的位置关系。他说,比较一下该方尖碑目前无人关注的窘境,和巴黎协会广场埃及石碑的显著位置,很容易理解为何要如此移动该方尖碑。他还建议丹铎神庙面向北方,并可从广场经过通往赛克勒楼的新入口直接抵达。为了平衡北侧广场,他提出由他在南侧修建一个雕塑花园,并建议由野口勇进行设计。但是,建筑蓝图已经交由纽约市公园局批准了,而霍文又害怕再回去找他们变更设计。霍文说,任何变更建议都应该由与大都会博物馆无关的个人或组织提出。由于对中央公园的蚕食,霍文受到了尖锐反对,但那时最激烈的批评声浪已过去。任何对中央公园的改造均会招致媒体的非议,并遭遇一些团体的示威,他们试图保留市内每一片绿地。赛克勒为此找到了《纽约时报》具有影响力的建筑评论家阿达·路易斯·赫克斯塔布尔,但她反对支持该项目。此事只有不了了之。

该楼的最终协议于1974年6月10日签署,赛克勒三兄弟都参与其中。大都会博物馆董事会于1974年6月18日批准了该协议。董事会主席C.道格拉斯·狄龙在给赛克勒的信中写道:"我代表全体董事会成员,向您致以最诚挚的谢意,感谢您的慷慨捐助,这将确保赛克勒楼成为本馆中最杰出的馆舍之一。我们期待与您紧密合作,以实现我们共同的希望和梦想。"

1960年代和1970年代,赛克勒一直是大都会博物馆最慷慨的捐助者,他给予该博物馆的有艺术杰作、资金和理念。尽管他不间断地给予大都会博物馆很多捐赠,他和该博物馆的关系却出现了令人诧异的变化(如上文霍文书信中给出的暗示)。他注意到来自馆内不断增长的紧张关系和妒忌。他数次应允资助该馆购入重要艺术品，但都落空。弗雷德里克·M.梅耶收藏拍卖的时候，赛克勒愿意出资高达 150 万美元，希望馆方可以找到其他捐助者来匹配他的捐助额，这样大都会博物馆就可以将该收藏全部买下，从而挑选保留主要的藏品。不幸的是，大都会博物馆未能如其所愿。1972 年，当大都会博物馆亚洲艺术品管理员麦克斯维尔·K.赫恩向他借用藏品，用于该馆永久展览时，赛克勒告诉他："当你从赛克勒藏品中借入过多展品时，其他收藏家会感觉你的展览不平衡，那么在你向他人寻求借入展品时，就可能遭遇不满或困难。我愿意借此机会向你表明，我们会提供完全合作，但也想提醒你注意'交际手段'的问题，这可能源自对我们藏品的过多使用。"

赛克勒对大都会博物馆越来越失望。它不能履行它的承诺。关于中国艺术品杰作的"赛克勒特别展"并未能列入日程，尽管赛克勒已经出资编写了目录，并为此进行了捐赠。1975 年，当他被邀请进入博物馆董事会的时候，赛克勒回复道："我个人认为这不会有任何作用，这也不会使我在感兴趣的领域增加贡献。过去几天发生的事情坚定了我的信念。我不相信大都会博物馆积极致力于中国艺术品事业，尽管其声明与此相反。大都会博物馆在今后五年对亚洲艺术品的投资上限似乎只有大约五百万美元，而实际上这些资金都将用于购买一个日本收藏，并且不会再有其他资金，用于购入中国或其他亚洲艺术品。基于这一事实，我认为考虑或接受董事会或任何购置委员会的职位毫无意义。与我早期的印象相反，大都会博物馆对中国艺术品收藏的计划，与我建立本领域卓越机构的希望，开始显得并不一致了。"

赛克勒一直希望大都会博物馆从他巨大的收藏中挑选中意的展品，赛克勒愿意把这些捐献出来，换取另一个冠名的陈列室。而某些博物馆官员对此的敌意令他困惑。1977 年 7 月 9 日，他在给远东艺术品展览部副主任苏珊娜·瓦伦斯坦的信中写道："我已把我的想法告诉过方闻和其他人，大都会博物馆馆藏的那些伟大的青铜器，以及所有已公开发布过的青铜器都应该向公众展出，其他媒体中也应该有这些公开发布过的展品的一席之地，这极其重要。我本人就有过非常令人沮丧的经历，我拿出时间来到博物馆，本想第一次实地参观一下某些发布过的青铜器、绘画或瓷器，或重温一下过去的记忆，但却发现它们并未被展出。请让我们进一步讨论一下这个问题吧。"苏珊娜·瓦伦斯坦 7 月 13 日写信给洛伊丝·卡茨："赛克勒博士在回信中强调，他非常支持展出已公开发布的艺术品。对此我非常赞同。"她继而请求借用三件展品，于数周后展柜在阳台安装完毕时展出。

当赛克勒楼工程正在进行中的时候，丹铎神庙被拆成了 682 块石头构件，重 800 吨，装入 661 个箱子从亚历山大港运往布鲁克林，然后再转运至第五大道。为了纪念安装重建丹铎神庙，霍文决定，赛克勒楼里面的赛克勒展厅的揭幕展，必须包括来自图坦卡蒙墓中的那些无与伦比的珍宝。图坦卡蒙是位幼年法老，继承王位时仅有 9 岁，大约于公元前 1327 年辞世，享年不过 19 岁，他在位的短短时间内，也无特别建树。然而，他的墓却是唯一一座未被盗掘过的王室墓。当 1922 年在国王山谷发现该墓的时候，出土的古代艺术品的质量和数量，都超出了人们的想象。这些镀金的、金光闪闪的陪葬品的展览，引起了大都会博物馆历史上最大的轰动。该展览引发了全美的"图坦卡蒙热"，并在博物馆术语中加入了"巨型展览"一词。

霍文一直把取得丹铎神庙和举办图坦卡蒙展，作为自己事业的顶峰。但他在赛克勒楼竣工前不久，却离开了大都会博物馆，这令人颇为不解。他在辞职信中解释说，任职十年后他越来越有不安的感觉。他 1977 年 6 月 30 日离开了大都会博物馆，任馆长略不足十年。自然，赛克勒对霍文在赛克勒楼工程竣工前辞职很失望。他认为霍文在任期内大大改善了大都会博物馆。他们讨论了霍文未来的计划，赛克勒提出可以让他负责一本新的艺术期刊，而霍文有其他抱负。他短期做过一段电视台的艺术通讯员，创立了一家为博物馆提供咨询的公司，并写了好几本书。有几年，他还担任了《鉴赏家》杂志的编辑，并把该杂志的重心从艺术转移到了生活方式。

左上：野口勇先生，赛克勒博士，威廉·麦康伯先生和爱德华·科赫市长
右上：赛克勒博士和祖宾·梅塔
右中：赛克勒博士和莱纳斯·鲍林
左下：安瓦尔·萨达特总统和赛克勒博士
右下：卡特·布朗博士，玛莎·葛兰姆女士和赛克勒博士
大都会艺术博物馆赛克勒楼

赛克勒博士和玛莎·葛兰姆女士在大都会博物馆的赛克勒楼

大都会艺术博物馆赛克勒楼于1978年9月正式开放,埃及驻美大使梅格为丹铎神庙剪彩。出席的有参议员雅各布·贾维茨、纽约市长科赫、赛克勒的两个弟弟和其他家庭成员,以及很多博物馆的官员和工作人员。新任馆长菲利普·德·蒙特贝罗的讲话中提到了该神庙的来历,却丝毫不提赛克勒在其中起到的作用。赛克勒在其后简短的讲话中说,该神庙在此重建是为了纪念两兄弟,并说他和他的两个兄弟很高兴能够促成神庙落成这一重要事件,并希望这可以对世界和平小有贡献。最后,市长科赫说,埃及神庙作为犹太人的礼物,能从一个阿拉伯国家来到纽约市这一世界的大熔炉,恰如其分。由于预示埃及和以色列和平的戴维营协议同样签署于9月,赛克勒认为这是一个可靠的征兆,预示赛克勒楼将成为和平的纪念碑。后来,图坦卡蒙展从华盛顿特区的国家美术馆移至赛克勒楼,并于1978年12月29日开展。该展览一直是大都会博物馆历史上最挣钱的展览。它是终极版的"巨型展览",标志着一个博物馆新时代的开启,其顶峰为1980年代和1990年代公众艺术兴趣的伟大爆发时期。

1978年12月将为赛克勒楼开放举办一个大型庆典。赛克勒提出该庆典要吸引人们的各种感官,并提议由他聘人为该庆典专门编创一支舞蹈。哈莱姆芭蕾舞团的乔治·巴兰钦和亚瑟·米切尔当时都不在,所以赛克勒找到了玛莎·葛兰姆。作为美国最伟大的艺术家和舞蹈家,玛莎·葛兰姆的要求,据称和赛克勒一样高。为了请她出马,赛克勒亲自陪她游览了丹铎神庙,指点给她看神庙顶部的壁画,并建议她以此作为创作灵感。她很喜欢这一思路,并以《壁画》为名,特意为赛克勒编创舞蹈。赛克勒非常喜欢看到她的创造力付诸行动,并参加了该舞蹈的多次彩排。他们二人曾就神话和哲学进行长谈。赛克勒赞赏她杰出的能力,而她也感激治疗的力量。那时她正受困于几个健康问题,尤其是双手患有严重的关节炎。此后《壁画》这支舞蹈一直是葛兰姆舞蹈团的保留节目。

大都会博物馆赛克勒楼的开幕庆典演出于1978年12月9日举行。除了大都会博物馆的宾客外,很多科学界、艺术界的朋友也出席了这一欢乐盛典。鲍林、巴兰钦、玛格·芳登、贝聿铭和安迪·沃霍尔都出席了。赛克勒特地要求以葛兰姆的经典舞蹈《哀歌》开场,接下来,玛莎·葛兰姆的新编芭蕾舞《壁画》在赛克勒楼内的丹铎神庙前进行了首秀。赛克勒在他的简短致辞中说:"喜事逢良辰,普世皆感恩。神庙和新楼的意义毋庸多言、不言而喻。我仅表达一个希望,希望它们永远作为美与和平中的各民族之间友谊的象征。"不幸的是,阿迦可汗和所有阿拉伯国家的代表最后都未能成行。尽管如此,大都会博物馆的赛克勒楼依然成为了一个纽约市很多重要活动都会选择的非常漂亮的新场所。1981年7月7日,埃及总统安瓦尔·萨达特参加了一个为他而举办的仪式。赛克勒在对萨达特总统的致辞开始时说:"东、西方和中东都将永远深深感激这一和平之礼,而您为此作出了杰出的贡献。"

赛克勒对这个新设施期望很高。他1983年解释说:"对于大都会博物馆的赛克勒楼,各种功能均已确定,而且建筑结构也和具体功能契合。第一个功能是承载神庙,这一来自埃及人民的礼物。第二个功能是容纳一所亚洲艺术研究院。第三个功能是为流动展览提供一个大型的展出场地。第四个功能是为研究和保存艺术品提供先进的馆舍。第五个功能是在庞杂的大都会博物馆内部,提供一个大型的、安静的、有纪念意义的公共空间,将其与外面公园里的安静氛围连接并融合在一起。第六个目标是提供音乐和其他演出的公共场所,不幸的是,由于工程收尾仓促,场馆的声学布置未能完成,适合演出用的灯光也没有安装到位,仅安装了为神庙夜间照明用的灯光。但在灯火阑珊的纽约市迷人的地平线中央,仍可以从外面直接看到赛克勒楼的很大一部分。"

不幸的是,赛克勒也未躲过那句老话儿"好心未必会有好报"。1975年,犹如晴空霹雳般，纽约首席检察官通知他，他被控与美国印第安人博物馆事件有牵连。他一直忙于他最喜欢的亚洲艺术品收集，而不是相对较少的前哥伦布时期艺术品。由于忙于其他众多的项目，他忽略了自己与美国印第安人博物馆的关系。他并不知道该博物馆经营不善。该馆工作人员把对他们的指责转嫁给了赛克勒。他们指责赛克勒疏于履行承诺，使他们困于资金短缺的窘境。该博物馆官员称，他们把赛克勒的收藏作为他拖欠该馆资金的抵押物，并称赛克勒从博物馆直接买走艺术品，进行"内幕交易"。上述指责无一属实。赛克勒解释说，他确实从博物馆的商店买了几件艺术品，作为送给朋友和家人的生日或节日礼物，但那是为了支持博物馆。根本不存在用该馆最好藏品加强自己收藏的问题。他买的那些都是该馆认为不重要而处理掉的藏品。他不得不通过各种记录来复原他和博物馆之间的全部交易，并做证词和笔录。后来发现，他不仅未曾拖欠任何债务，而且还给予了博物馆超出许诺的资金。首席检察官继续调查了美国印第安人博物馆的管理问题，该调查导致该馆馆长被迫辞职，其无用的董事会亦被重组，并建立了恰当的登记制度。赛克勒最终被证明无辜，首席检察官向他进行了正式道歉。

就在首席检察官将美国印第安人博物馆案件结案前不久，赛克勒还得应对另一个申诉。纽约市首席检察官路易斯·莱夫科维茨，决定调查私人艺术品被无偿存放在大都会博物馆一事。就在赛克勒楼启用前夜，一些艺术类期刊刊载了暗示赛克勒存在腐败的文章，时机之巧合令人怀疑。他被称为"争议人物"，并被指"利用大都会博物馆的学术声望谋取利益"。他的收藏管理员回应道，赛克勒从未卖出过任何藏品，何谈用博物馆的名誉牟利；赛克勒从未拒绝过任何学者或博物馆雇员利用他的藏品，他给大都会博物馆带来的学术声望，要高于后者给前者带来的学术声望。尽管赛克勒具有科学家、收藏家和慈善家的视野，但他天性低调。他很少接受采访，并且更愿意用自己的行动来证明自己。他的沉默被当成认罪，而他的敌人们则利用闲话专栏甚至新闻版面对他进行无端指责。

赛克勒即刻要求董事会主席狄龙澄清他和大都会博物馆之间的关系。任何时候，他都可以把博物馆内室中的藏品放回到自己的仓库，或存放到银行的保险柜，而不需要支付任何费用，也可以把它们借给其他博物馆。他和大都会博物馆的协议也规定，这些藏品可以供学者们研究、发表或展览。1978年9月20日，在狄龙寓所举办的午宴上，赛克勒又听到了一些抚慰性的言辞，说他对于大都会博物馆非常重要。秘书兼顾问阿什顿·霍金斯，愿意把博物馆的记录交给首席检察官，以证赛克勒之清白。大都会博物馆法务部写信给该事件的调查人员，说明该博物馆"并非个人的私属空间。我们研究、借用、展览这些收藏，并偶尔会从中得到捐赠"。

赛克勒把所有相关记录都交给了首席检察官路易斯·莱夫科维茨。他从自己1966年12月23日给罗瑞默的信中引用到："我知晓，我短期借给大都会博物馆的藏品，将按博物馆既定的计数、编目、记录和照相程序进入博物馆，并将收到博物馆发的借用表格。这是我和大都会博物馆之间的主要待遇安排。"他指出，应该清查博物馆方面的相关记录，因为馆方的记录应该比他个人的记录更为丰富。他还进一步列举了借用过他的藏品，或接受过亚瑟·M. 赛克勒基金会资金捐助的大学、艺术博物馆和其他机构，罗列如下：北卡罗拉纳州教堂山市阿克兰艺术博物馆；依阿华州锡达拉皮兹市艺术博物馆；纽约市亚洲协会；得克萨斯州博蒙特艺术博物馆；马萨诸塞州波士顿市美术馆；纽约布鲁克林博物馆；纽约市中国之家画廊；纽约市哥伦比亚大学；密歇根州底特律艺术学院；俄亥俄州代顿艺术学院；北卡罗拉纳州达勒姆市杜克大学艺术博物馆；田纳西州诺克斯维尔市杜林艺术馆；苏格兰爱丁堡大学；威斯康星州麦迪逊市埃尔维耶姆艺术中心；乔治亚州亚特兰大市埃默里大学博物馆；加利福尼亚州旧金山美术博物馆；加利福尼亚州圣迭戈美术馆；英格兰剑桥市费兹威廉博物馆；佛罗里达州盖恩斯维尔市佛罗里达艺术博物馆；马萨诸塞州剑桥市福格艺术博物馆；堪萨斯州堪萨斯大学海伦·福尔斯曼·斯宾瑟艺术博物馆；耶路撒冷以色列博物馆；新罕布什尔州达特茅斯市胡德艺术博物馆；佛罗里达州迈阿密大学罗威艺术博物馆；纽约罗切斯特大学纪念美术馆；纽约市大都会艺术博物馆；明尼苏达州明尼阿波利斯艺术学院；华盛顿特区国家美术馆；爱尔兰都柏林市国家美术馆；田纳西州孟菲斯粉红宫博物馆；新泽西州普林斯顿大学普林斯顿艺术博物馆；宾夕法尼亚州费城宾夕法尼亚大学；马萨诸塞州美德福德市塔夫茨大学；得克萨斯州圣安东尼奥市圣安东尼奥博物馆协会威特博物馆；华盛顿特区史密森尼博物院；马萨诸塞州阿姆赫斯特市马萨诸塞大学；弗吉尼亚州弗吉尼亚大学艺术博物馆；英格兰伦敦维多利亚和阿尔伯特博物馆。

赛克勒坚称，他在大都会博物馆的储存安排没有任何特别之处。他还指出，大都会博物馆曾多年存储过斯坦因和斯蒂芬·克拉克的收藏品，以及来自约翰·哈德利·考克斯（柯强）收藏中的诺顿·西蒙青铜器和中国艺术品。布鲁克林博物馆收储过欧内斯特·埃里克森的中国收藏，以及葛诺和其他人的收藏。国家美术馆收储和展览过他人的收藏，古根海姆博物馆也是如此。有些美国博物馆，只有通过在他们的仓库中收储私人藏品，并从中借出展品以供展览，才能够发挥其博物馆的作用。所有这些都有助于学术研究，因为这使得更多的材料可以被用于研究。

1978年发布了关于大都会博物馆收储赛克勒藏品情况的完整报告。该报告解释说："这一安排始于1965年，在过去和现在都符合本国或国际主流博物馆的通行做法。多年以来，博物馆通常会收储、研究、展览和发布私人收藏，这不仅是因为博物馆希望将来能得到这些藏品，而且因为这也是博物馆管理文物、开展教育的功能与职责。例如，多年来，本馆已经在五个不同的展览中，公开展览过很多来自赛克勒收藏的展品。另外，在这些藏品收储于大都会博物馆期间，很多来自全美各地以及国外的学者、学生，都对其进行过参观和研究。从1971年起，赛克勒博士自己出资，已经聘用了两位学者，在本馆对这一收藏进行兼职研究。……（他们在赛克勒出资聘用的一位秘书的协助下，）做了很多这些藏品的编目以及相关研究工作，而一个非常重要的收藏需要这样的工作。"该报告还指责博物馆展品登记部门行事不利："1960年代晚期［原文如此］，由于展品登记部门不愿意处理大量进入（以及相对少量的移出）内室的藏品，使赛克勒博士的收储安排出现了一些管理困难。"将来，每一件此类藏品都会登记为借入展品。该报告总结说："因此，本馆将继续收储赛克勒博士的收藏，但在管理方面会有一些新的变化。"

首席检察官的调查历经数年后才最终认定赛克勒无罪。纽约州法务部1981年6月17日的信中陈述："根据我们对大都会艺术博物馆的调查，首席检察官不准备对赛克勒博士采取任何民事或刑事行动。调查的重点是大都会博物馆收储了赛克勒博士的部分收藏品。我们未发现任何能证明赛克勒博士有过错的证据。"调查的对象现在成了大都会博物馆。结果，它不得不对展品登记和记录进行"管理改革"。其后，首席检察官把调查扩展到了大都会博物馆和罗伯特·雷曼，国家美术馆和切斯特·戴尔，以及旧金山亚洲艺术博物馆和埃弗里·布伦戴奇。布鲁克林博物馆从约翰·弗里德手中购入艺术品的交易存在问题。约翰·弗里德是该博物馆董事会和采购委员会成员。该馆前任首席艺术品管理人与美国印第安人博物馆之间的藏品交换过程中，也被怀疑存在严重的利益冲突。

赛克勒与大都会博物馆的关系没有得到改善。1979年的某一时间，一块标明"赛克勒展览大厅"的标牌被遮盖起来。赛克勒通过其律师向馆方要求解释。得到的回复称该标牌"在很短的时间内被无意取走"，并称"我们将确保此错误不再发生"。此后不久，赛克勒展览大厅，这一设计用来进行重要的临时艺术展的壮观展厅，竟被改成了咖啡厅和礼品店。而且其出版物中的任何地方，都没有提及赛克勒展览大厅或赛克勒楼。

赛克勒向大都会博物馆进行了申诉，但申诉无果。赛克勒的中国艺术品展仍旧排不上大都会博物馆的展览日程。1980年，方闻承诺该展览将于1982年开展，并且说，尽管每个举办展览的私人收藏家需自负展览费用，但考虑到赛克勒已承担了如此之多的不愉快，馆方应从外界另寻该展所需资金。

其他艺术与机构

当赛克勒与大都会博物馆的关系出现问题的时候，他与其他博物馆和机构的关系却发展良好。1941年刚刚成立于华盛顿特区的国家美术馆，在美国博物馆界是个相对较新的成员。尽管成立不久，但它很快就在展览的吸引力和欧洲艺术展品的质量方面，对大都会博物馆构成了挑战。由吉尔·拉文诺和马克·莱特霍伊泽设计，该馆的展览可称得上全球最佳。因为代表国家，所以它与外国政府谈判的成效要高于其他博物馆。该馆的核心藏品来自安德鲁·梅隆，他是一位金融家和实业家，为了解决自己的税务问题，把他的欧洲绘画和雕塑收藏捐给了国家。梅隆家族给予国家美术馆持续的支持，在梅隆去世后向其捐赠了一些艺术精品。来自切斯特·戴尔和克雷斯基金会的慷慨捐赠，进一步扩大了该馆的馆藏。

J. 卡特·布朗于1969年成为国家美术馆馆长。布朗知识渊博、温文尔雅，为其职位增色不少。他和妻子帕米拉举办的高雅晚会高朋满座，内阁成员、国会议员、最高法院法官肯定会参加，还有艺术家和其他位高权重人士，有时候甚至还会有总统的家人莅临。布朗始任馆长后，欲增加馆舍面积。著名现代建筑师贝聿铭为该馆设计了一个东楼，它位于一块呈三角形的地块，紧接原馆舍。贝聿铭设想用可移动墙体，创造一个全能的空间，使陈列室的大小和形状可以自由变换。宽敞的一楼作为宏伟的入口和接待大厅，其上悬挂一个巨型的亚历山大·考尔德移动雕塑。布朗还需要其他大型作品，安放在开放式的主层地板上。赛克勒和弟弟莫蒂默捐赠了一件雕塑，是他朋友野口勇的作品。野口勇对其作品能在这样一个国家级的地方展出非常开心。国家美术馆的新楼于1978年5月30日正式落成，赛克勒和妻子姬莉安是其"创始捐助人"。在庆祝宴会上，赛克勒和杰奎琳·欧纳西斯谈到了她最近的以色列之行。她感觉此行颇受鼓舞，但也表示对当时的中东局势深感忧虑，赛克勒亦有同感。他们还讨论到美国对其脆弱盟友以色列的支持何等重要。

上世纪70年代，赛克勒重新燃起了对欧洲雕塑的兴趣。他说只有在那个时候，他才从其向东方美学的"逃亡"中回归。那时候高质量的东方艺术品已经非常昂贵，而他又憎恶高价购买，除非遇到无法失之交臂的罕见藏品。他寻找着被人们忽略的某类艺术品，既可以满足他的收藏癖好，又可以满足他探究新领域的学术冲动。他欣赏某种宽松、自由、印象派风格的艺术，他注意到欧洲的陶土雕塑拥有该类风格。东方艺术给了他完整的艺术体验，但唯独缺乏这种他从西方艺术中找到的东西，即"雕塑者的自由而特殊的媒介"。

1977年在伦敦参观博物馆和画廊时，赛克勒和姬莉安在杰明街的海姆美术馆遇到了安德鲁·切哈诺维茨基。他是该馆馆长，一位二战期间逃离祖国的波兰伯爵。他有一个颇具规模的欧洲陶器收藏。对赛克勒来说，这些陶器都是艺术家双手技艺的真实体现，具有启示意义。他们是"美学表达自由的欧洲体现形式，该种自由我在许多中国画作中见过，也存在于青铜器充满力量的美学冲击之中，以及瓷器动感的光辉之中"。在某些对创世纪的描述中，上帝按照自己的形象用泥土创造了亚当。而陶器大师们"凭借他们的天才，取得了上帝般的成就，给予陶土以生命。大师们给予陶土如此旺盛的生命，以至于数个世纪后，它还可以直接而清晰地传递给你一个鲜活的信息，并带着大师们自己的个性特点"。

赛克勒认为这些具有动感的艺术精品远未得到应有的欣赏。有些陶器是青铜雕塑的原型，而那些伟大青铜雕塑则为许多教皇和王子们所垂涎与收藏。陶器的缺点是非常易碎，因为它们被认为不过是些草稿，不一定是竣工的艺术品，所以在拍卖中从未达到过特别高的价格。工匠们往往在作坊里浇铸青铜器，目的是可以造出几件相同的副本。而陶器则具有唯一性。起初，赛克勒想集中收藏文艺复兴期间制作的陶器，但他无法抵挡中世纪到20世纪出品的精彩陶器的诱惑。他先挑选了20件陶器作为开始，并请切哈诺维茨基帮他寻找更多陶器以增加他的新收藏。然后他搜寻了其他美术馆并购入了更多陶器，其中包括从伦敦亨弗里斯美术馆购入的多件陶器。很快，赛克勒就汇聚起了针对欧洲陶器的第一个重要收藏。

赛克勒博士和 J. 卡特·布朗在野口勇名为"内寻的巨石"的雕塑前，华盛顿特区国家美术馆

赛克勒解释说："对于这些陶器，我也许又感到了我所说过的神经运动的终极表现，即具有实体感觉和深度的审美体验；我感觉到了它在塑形和空间艺术上的体现。这种快乐就像孩童把泥巴从指缝间挤过，起初或许'漫无目的'，但却陶醉其中，然后会开始有目的地对其塑形，最终会变得颇有建树。有这么一条生物学格言'个体发育重演系统发育'，我怀疑在陶器制作方面，个人技艺的发展，会否也重演其祖先千百万年以来的陶器创作历程。尽管晚数千年，今天的艺术品，也可以给我们像中国新石器时代陶罐一样震撼、像安娜托利亚女神和伊朗的丰饶神雕塑一样优美的审美享受。"赛克勒一直希望亲身体验"驱使大师工作"的创作冲动。他在中国的早期国画中感受到了这种冲动，但在明、清等晚期瓷器中已失去了"大师与创作媒介之间的那种关系……因为技术上的规范，冷却了情感表达的炙热与随性"。很多西方艺术也缺乏这种冲动。然而，陶土则可以鼓励大师们拥有对创作媒介的至上权力，从而令大师们空间艺术创作的冲动，可以更直接地反映在陶塑作品之上，相比石器和青铜器由于材质带来的技巧与技术的桎梏，大师们在陶器上的表现则更为自由。

鉴于和布朗的良好关系，以及与大都会博物馆每况愈下的关系，赛克勒探讨了由国家美术馆首展其欧洲陶器收藏的可能性。1978 年，当赛克勒给国家美术馆欧洲雕塑部管理员道格·刘易斯展示样品的时候，刘易斯态度非常积极。布朗把展出安排到了下一年，并初步命名该展为"从多纳太罗到罗丹"。为此，赛克勒加倍努力补齐展品。1979 年 10 月 25 日，该展览于国家美术馆新楼的夹层开幕。当晚还上映了赛克勒女儿伊丽莎白制片的电影《博物馆》。赛克勒收藏的欧洲陶器作品中，近半被漂亮地展示了出来。这是欧洲陶器的第一个重要展览，也是一座里程碑。哈佛大学威廉·多尔·博德曼美术教授约翰·柯立芝，在该展览开幕式上评论道，大都会博物馆仅有 8 件欧洲陶器，而陶器过去曾被认为属于"二流"藏品，能够发现这一空缺并新建一个如此令人激动的收藏，是一个相当了不起的成就。福格艺术博物馆馆长、哈佛大学格里森美术教授西摩·史立夫写道："陶器与雕塑的关系正如素描与油画的关系。然而据我所知，还未曾有人做过如此广泛的陶器收藏，也未曾有过任何陶器展览，在范围和质量上，能与本次展览媲美。这两项'第一'均令人惊愕。"然而大都会博物馆并不会向国家美术馆认输。该馆欧洲雕塑部管理员奥尔加·拉乔，于 1981 年 4 月 22 日组织了一个展览，展出了国家美术馆未曾展出过的欧洲陶器。后来这些展品在哈佛大学福格艺术博物馆和芝加哥艺术学院进行过展出。

赛克勒的艺术兴趣非常广泛。他承认："我一直迷恋文艺复兴前的绘画，着迷于锡耶纳、威尼斯和佛朗哥—佛拉芒早期艺术家。早年时我就对特纳着迷，后来又沉醉于进行了图案革命的法国大师，包括库尔贝和蒙蒂切利、马奈和莫奈、德加以及毕沙罗，还有伟大的荷兰画家容金德和梵高。而对我来说，塞尚代表一个巅峰。"赛克勒非常钦佩毕加索、胡安·格里斯、布拉克、勃纳尔、马蒂斯、莫迪利亚尼、夏加尔、苏丁、弗拉曼克和德朗，在他们之中，赛克勒看到了先前亚洲艺术的影响。他承认陶器"可以与我进行不受年代影响的对话，也不受技术的羁绊，它们带着我所期许的清晰的个性，个性化得犹如那艺术家的指纹"。

欧洲陶器经销商也常常经营青铜器。那时由于欧洲艺术品受欢迎程度大大下降，导致他们存货很多，价格甚至要低于 20 世纪早期。赛克勒一直想学习一些新的艺术品门类，于是赛克勒遍访博物馆，观察他们已经建立了哪些收藏。美国的藏品无法与欧洲馆藏匹敌，所以赛克勒决定为一家美国博物馆，建立一个重量级的收藏。在切哈诺维茨基、亨弗里斯和其他重要经销商的帮助下，他很快跻身欧洲青铜器最好的私人收藏之列。当维多利亚和阿尔伯特博物馆雕塑作品管理员安东尼·雷德克利夫整理目录的时候，赛克勒许诺，布朗可以挑选其中百分之五十的藏品。

另一个被严重忽视的收藏领域是马约利卡陶器。该名字可能来自马约利卡岛。16 世纪的时候，意大利北部的数个小城市都在生产这种外观带有虹彩的锡釉陶。含有金属氧化物的漆，被烧入陶胎表层并做封釉处理，因此不会褪色。马约利卡陶可能与伊斯兰陶器有

镀金青铜和陶土雕塑《基督洗礼》
亚力桑德罗·阿尔加蒂（1598—1654）

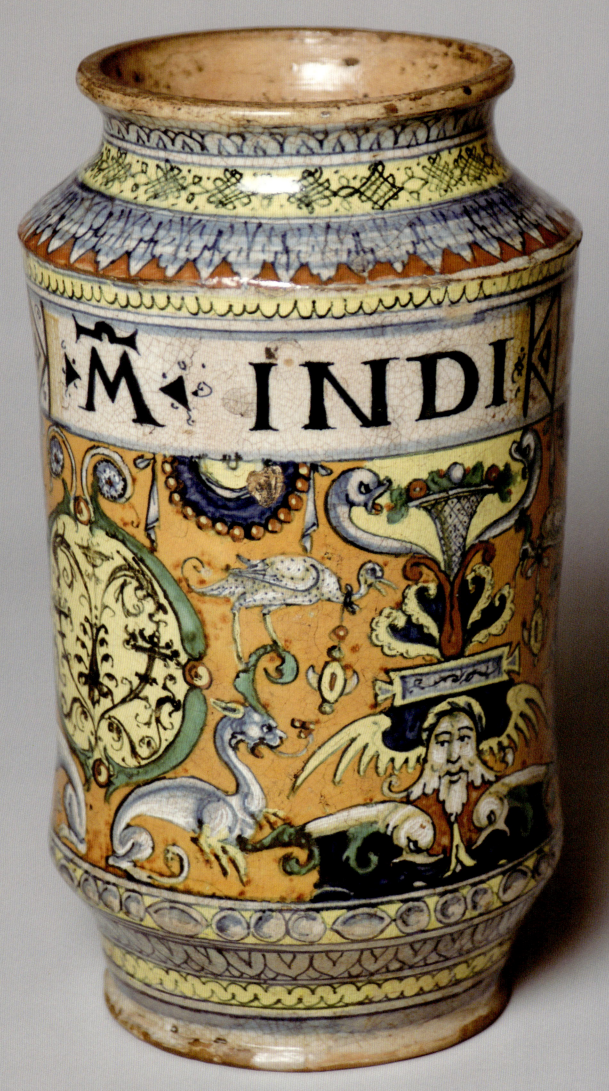

阿尔巴雷洛马约利卡陶瓶，公元 1500 年，[意大利] 锡耶纳

马约利卡陶碟，公元 1527 年，[意大利] 乌尔比诺

马约利卡陶盘，公元 1566 年，[意大利] 乌尔比诺

马约利卡陶质大水罐，公元 1550 年，[意大利] 威尼斯

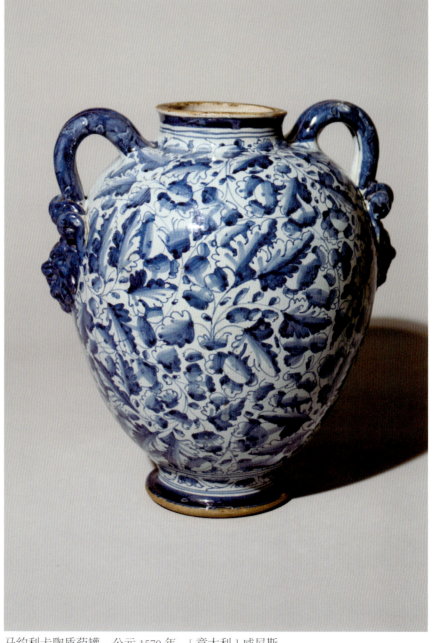

马约利卡陶质药罐，公元 1570 年，[意大利] 威尼斯

些渊源，伊斯兰陶器在 9 世纪开始在中东盛行（赛克勒有许多伊斯兰陶器样品）。赛克勒再一次看到了该艺术媒介和医学的联系。马约利卡陶的兴盛期恰与 16 世纪伟大的医生弗莱卡斯特罗处于同一时代。通过自己对黑死病的研究，弗莱卡斯特罗形成了"关于传染病及其传播的最为先进的理论"。赛克勒还怀疑，这些装饰繁复的低温釉器皿，或许正是导致欧洲名门望族中许多人死于铅中毒的罪魁祸首。

赛克勒再次纵览了世界各地的博物馆中现有的马约利卡陶器。维多利亚和阿尔伯特博物馆的样品不错，但其展示随意，并没有把它们作为精美的艺术品。多数文物管理员仅把它们作为次要的装饰品。切哈诺维茨基和亨弗里斯再次帮他找到了一些异乎寻常的样品。他们两人均非常敬重赛克勒的鉴赏能力。切哈诺维茨基称赞他拥有"对于无以计数的文明和时代的广博知识。这些知识来自于他早年的学习，而广泛地阅读并参观博物馆使其知识进一步深化。这是他各项事业走向成功的灵感源泉"。而亨弗里斯则惊异于"世界上可曾有过立有如此雄心壮志的收藏家，并能实现得如此之好"。亨弗里斯称赛克勒为"现代的美第奇"。

1982 年 9 月 30 日，赛克勒的欧洲马约利卡陶器展在国家美术馆开幕。尽管规模不大，但由设计团队专业的布展，展示效果极佳。1986 年 11 月 19 日，这一具有开拓意义的展览再次于旧金山美术博物馆展出。在为旧金山展览目录准备的介绍中，赛克勒写道："在其内在的美学优点之外，马约利卡陶对我还是一种智慧的启迪。它结合了制陶与绘画两种艺术，涵盖神话、神学、寓言与历史。对我来说，它使我们可以近距离地研究与其他时间、空间中的伟大文化爆发相关的人类、社会与社会构成。同样的，它还有助于我们了解艺术和技术与科学和人文之间相互关联的重要关系。"这里他发展了他的"文化临界质量"理论。他相信，任何文化辉煌时期，不论是希腊的黄金时代，还是意大利的文艺复兴时期，都由六个要素促成。一个"黄金时代"仅会在"这些要素汇聚在一起时出现，当这些要素在某一空间和时间达到足够的量的时候，就会爆发出创造性的文化能量，体现于艺术品之中，包括瓷器或绘画，雕塑以及建筑，也体现在人文领域，包括音乐和舞蹈，文学，诗词或哲学，还体现在科学和技术领域。"首先需要有天才："一个或最好几个文化领域里，一群禀赋超群的人才必须集聚在一起，创作出足够数量的艺术、科学或人文作品，以确保引起全社会的关注。"媒介，"做瓷器的黏土，画家使用的颜料，青铜器使用的金属，天文学使用的数学，音乐所需的乐器"必须具备。之后，技术必须能提供"瓷器的烧制，青铜器的浇铸，乐器的制作，以及天文学、微生物学和其他科学使用的仪器"。这些来自于赛克勒的"三要素"：（1）艺术家、科学家和人文学家之间的相互影响，（2）赞助者的支持，（3）他们所属社会的欣赏。这三个基本因素是：交流，可以发挥激发作用和交叉互补作用。本要素必须具备，因为"艺术家、科学家和人文学家之于彼此，就像火石之于点火，他们之间交流的重要程度，就像开花结果离不开交叉授粉一样"。还必须有充足的赞助或支持，用以"确保（生存之外的）额外的精力和时间，让艺术家从事创作活动"。最后，所有这一切都要依赖于欣赏，"这是一种社会表达，它可以从根本上加强赞助或支持，并基于艺术家、科学家、人文学家以及他们的赞助者们的作为，给予他们基本的接受与认可。如果没有这种认可，他们可能会在个人、情感或智力方面，陷入创作的挣扎之中。"

罗马纪实

布朗在国家博物馆引入了一项政策，一项展览要么在该博物馆独家展出，要么必须在该馆首秀之后，才能移至其他博物馆。其他博物馆的馆长，尤其是规模更大、历史更久远的大都会博物馆，都不喜欢这条规定，因为它限制了他们开展重要展览。布朗却通过给予展品所有者在首都展览的声誉，屡屡战胜竞争对手。

1978年1月，赛克勒在梵蒂冈巨大的博物馆一般的房间内等候约见卡萨罗利，他思考着梵蒂冈如何才能重新像过去一样，成为世界的领导者之一。他知道这可能会非常困难。天主教会在政治上的影响力已经消退，而梵蒂冈对于科学事业的唯一贡献就是维持其天文台。梵蒂冈丝毫没有介入艺术领域。赛克勒忽然想到，这个教皇国收藏的无价珍宝从来未曾展出过，如果可以举办一个展览，一定会引起公众强烈的兴趣并受到热烈欢迎。这也契合赛克勒支持教派统合的目标，召集天主教、犹太教、穆斯林和其他宗教信众一起开会，共商如何促进宗教之间的相互理解与和平共处。他向卡萨罗利提出了这一想法，但卡萨罗利认为教皇不会应允。赛克勒指出，艺术是人类信仰的表现，并表示愿意拟订一份提议书。他还请求卡萨罗利允许安德鲁·切哈诺维茨基查勘一下他们的收藏。

切哈诺维茨基伯爵是位虔诚的天主教徒，而且在梵蒂冈拥有人脉。获此消息后，他几乎立刻就从伦敦赶了过来，帮助实现赛克勒的设想。他后来向赛克勒报告说，梵蒂冈收藏的多数材料并不太好，不足以组织展览，除非可以用那些不会被允许离开梵蒂冈的精品。赛克勒并未气馁。他给卡萨罗利大主教打电话，告诉他可以组织一个优秀的展览，并且说应该在国家博物馆进行该展览在美国的首展。

当布朗得知梵蒂冈有可能出借展品来此展览时颇为吃惊，他急切地从国家博物馆的时间表中安排出时间。于是，赛克勒提醒卡萨罗利，国家博物馆将会欢迎这一展览，并说这将是一个使公众关注梵蒂冈文化成就的绝佳途径。他打电话促请大主教劝说教皇应允此事。数周后，卡萨罗利说他觉得此事已有转机。

赛克勒继续就此事进行电话联系。后来，在纽约的罗马教皇特使告知赛克勒，教皇已确实应允进行巡回展览，并建议赛克勒和尤金·克拉克神父讨论梵蒂冈展览的前景。赛克勒这么做了，并建议展览定名为"艺术与信仰，梵蒂冈收藏精选展"。

赛克勒建议和布朗一起会见大都会博物馆馆长蒙特贝罗，看他是否也愿意在大都会博物馆接纳梵蒂冈展览。布朗对此很谨慎，希望在展览安排妥善之前最好不要告知他人。但赛克勒更希望能公开地、正大光明地处理此事，他认为作为天主教徒的蒙特贝罗，一定会希望参与进来。他希望大都会博物馆会感谢这次机会，从而改善他和该馆之间陷入困境的友谊。赛克勒后来写道："我在寻找办法维持和这家博物馆的良好关系。"自然，蒙特贝罗很高兴参与这一展览。根据布朗在国家博物馆的档案记录，1978年11月10日，赛克勒介绍了该展的筹备进展，而且蒙特贝罗也已同意参加该展览。蒙特贝罗和他们一起开了会，并对该展的可能性表现得非常积极。

1979年10月25日晚7点至8点之间，在国家博物馆东楼，在其他人包括布朗在场的情况下，赛克勒征得了布朗的同意，邀请蒙特贝罗加入梵蒂冈展的展品选择委员会。蒙特贝罗毫无异议地接受了邀请。赛克勒继续就此与梵蒂冈保持着联系，他认为展览的安排已经就绪。

但1980年11月1日，《纽约时报》宣布大都会博物馆将要承办梵蒂冈宝藏有史以来的首次展览，并把所有功劳归于蒙特贝罗一人，丝毫未提赛克勒才是提出这一设想之人，也未提赛克勒从梵蒂冈获得的许可，而且也只字未提国家博物馆。

赛克勒试图联系蒙特贝罗，但他不接赛克勒的电话。布朗说这似乎已成既成事实。赛克勒打电话给梵蒂冈，看它是否会改变决定。卡萨罗利大主教非常困惑，他还以为赛克勒

镀金青铜艺术品《逃往埃及途中的小憩》,亚历山德罗·阿尔加迪(1598—1654)仿品

仍介入在该展览之中。他说决定已由梵蒂冈博物馆的管理者以及梵蒂冈驻美国的高级代表纽约大主教做出。

1981年12月，当卡萨罗利大主教在纽约的时候，他告诉大都会博物馆董事会主席威廉·麦康伯，赛克勒为梵蒂冈展"奠定了基石"。1981年12月22日，在赛克勒与蒙特贝罗和麦康伯会面时，赛克勒告诉他们，应该在该展览的目录中，答谢卡萨罗利大主教为促成该展览而发挥的作用，他们也认可了。他还希望展览贡献名单中也能认可他在展览中的作用，并说如果对此有异议，他可以请布朗证明该展览的来历。蒙特贝罗怒不可遏，夺门而出。赛克勒从未收到他对此事的道歉。自不必言，展览目录中没有提及赛克勒。

大都会博物馆很容易受到种族歧视和反犹主义的掌控。非裔美国人的艺术作品一直未能在庄严的大都会博物馆得到恰当的展示。亨利·奥萨瓦·泰纳的两幅画作从展览中消失了。泰纳是位早期的黑人艺术家，对著名艺术家罗马尔·比尔登有过启发。这两幅画作也许已被悄悄出售。1981年晚些时候，大都会博物馆突然取消了以色列博物馆的一个展览。该决定受到了重要犹太领导人的坚决反对。赛克勒在多年前曾提议大都会博物馆上马一个名为《艺术与旧约》的展览，而且该展览也已经加入了待展序列。当他试图查找该展被取消的原因时，他得到了模糊的有关"安全"和"政治原因"的暗示。而在同时，一个名为《马穆鲁克复兴》或称《伊斯兰的复兴》的大型展览却正在准备之中。

《纽约时报》也加入到大都会博物馆一方。其首席艺术通讯员格雷丝·格卢克被指示写一篇"据实介绍"赛克勒的文章。赛克勒同意接受访谈，并给格卢克出示了证实其观点的文件。有感于赛克勒的渊博知识和诚实态度，她说赛克勒应该进入大都会博物馆董事会，因为他机敏、博学、修养良好，并且捐助慷慨，正是该博物馆董事会所需要的人。赛克勒说他对此不感兴趣。1982年2月，格卢克警示赛克勒她已不再负责撰写该文章，该报取而代之发表了另一篇敷衍了事的文章。不过在压力之下，大都会博物馆终于让步，安排了一个以色列博物馆的小型展览，于1986年展出。

大都会博物馆还设法争取保罗·辛格博士，提出如果他捐出他的中国艺术收藏，那么将为他命名一个陈列室。辛格很喜欢大都会博物馆，所以受到了诱惑。后来，赛克勒和他的律师拿出了他和辛格的合同。曾任艾森豪威尔首席检察官的赫伯特·布劳内尔当时代表大都会博物馆，他建议该馆退出此案，赛克勒达成了心愿。现在，保罗·辛格的收藏已成为位于华盛顿特区的亚瑟·M. 赛克勒博物馆的一部分。

哈佛大学亚瑟·M.赛克勒博物馆

新博物馆的旧烦恼

当赛克勒正在努力试图与大都会博物馆保持良好关系的时候，其他机构却在竞相争取赛克勒的帮助。这里面的领跑者是哈佛大学和史密森尼博物院。布朗把西摩·史立夫介绍给赛克勒。史立夫是一位著名的研究荷兰大师的专家、哈佛大学美术教授，而且还是福格艺术博物馆和布什－雷辛格博物馆馆长。在史立夫的学术职责之外，他还致力于为上述两个博物馆募集资金。两座博物馆的建筑都很漂亮，但缺乏修缮。福格艺术博物馆在美国高校博物馆中首屈一指，很多博物馆业界的专业人士都曾在此修过研究生课程。它的名望如此之大，以至于它的研究生只需说"我在福格上过学"，而不必提及哈佛。福格博物馆是一座优雅的四层意大利式建筑，中心合围起一座庭院。它的顶层为文物保护实验室，三层则为教室。下面两层为双层层高的陈列室，里面展出有顶级的艺术品。但该建筑需要大修，且顶棚存在多处漏水。布什－雷辛格博物馆则尤为破败，其展室灯光昏暗，也没有温度和湿度调节装置，还缺乏安保措施，很难有机会进行有意义的展览或开展其他学术项目。它的主要亮点是一座展示巨型雕塑翻铸件的大厅，可以在此进行晚餐。

那时候，哈佛的大笔捐助金管控很严格，每个部门必须自行解决各自项目的资金问题。复杂的资金募集体系往往意味着富有的校友被大学享有，而美术系和博物馆则不得不寻找新的资助者。布什－雷辛格博物馆规定仅收藏德国和北欧艺术品，所以二战以来，很少有人捐助。福格有众多支持者，但大多更倾向于捐助艺术品而非资金。波士顿社区总的来说"老财主"居多，并非特别慷慨。艺术品圈子在1970年代狭小了许多，愿意为公共机构大笔捐资的人相对较少。

史立夫向赛克勒诉苦说，他们的几乎所有东方艺术藏品都处于保存状态，沾满灰尘且无法展示。因此他建议由赛克勒出资100万美元，在福格博物馆的后面，为亚洲艺术品建一个新的赛克勒楼。赛克勒已经知道他们的藏品极好，但当他仔细检查后，他更意识到这些藏品完全可以与那些声名远播的欧洲珍宝比肩。那些经典文物也非常重要。他认为这些艺术品应该有一个更良好的环境，也应该留出进一步增加藏品的余地，而不能仅修一座狭小的馆舍楼。伴随他们的讨论，为亚洲和古代藏品另建一座独立博物馆的明智思路逐渐清晰起来。

他们后来签署了一份价值500万美元的合同，为亚洲和古代藏品修建一座艺术博物馆。馆址选定在剑桥市临近福格艺术博物馆的地方。英国建筑师詹姆斯·斯特林被选定担纲该馆设计，斯特林设计的斯图加特新博物馆被认为是一个成功范例。然而之后，哈佛大学违反了合同。学校的投资顾问在捐助问题上做了件蠢事，损失了4亿美元。哈佛大学那时害怕承诺建设任何新建筑。幸运的是，校外督导委员会此时介入进来，承诺募集更多资金。1981年12月，这一项目得以恢复。后来，由于校长和法人的退出，该项目又下马了。但哈佛学生的报纸《深红》以及《纽约时报》的格卢克都来捍卫这一项目。赛克勒后来把捐助额提高了一倍以上，成为哈佛大学截至此时收到的最大一笔现金捐款。

1982年2月16日，《波士顿环球报》刊载了罗伯特·伦兹纳的长篇文章，名为《一位出资人与福格博物馆》，文中影射有正在进行的不轨行为。该报称赛克勒为哈佛新博物馆幕后的"神秘人物"，并接着说"他至少与两家博物馆的关系，正在被纽约州首席检察官办公室调查"。该文对赛克勒与大都会博物馆的来往大加批评。他建立中国雕塑陈列室的方法"非正统，并很令人尴尬"。文中还引用匿名内部人士的话说："这一交易技术上是合法的，但不是该博物馆的良好先例"，并且指责赛克勒通过25万美元的捐赠，获取了100万美元的税务减免。

赛克勒对此十分惊骇。这些抹黑毫无事实基础，显然是要在赛克勒声名鹊起的时候，预谋败坏他的名誉。赛克勒的父亲在多年前就曾说过，人唯一难以失而复得的东西就是好名声。此事发生在哈佛大学开会之前几天，该会议将决定是否最终实施新博物馆项目。赛克勒找到校长德雷克·博克来厘清此事。《波士顿环球报》的文章就是一派胡言。博克承认，如果他的名字是温思罗普或是卡伯特，就不会有任何问题。在后来的那次会议上，校长和法人同意执行该项目。于是哈佛大学开始了亚瑟·M. 赛克勒博物馆的建设，并于 1985 年最终开馆。赛克勒希望该馆"作为一个大学博物馆，主要用于加强学术研究和本科生教育，以及艺术史、博物馆管理以及文物保护专业的研究生培养"。该博物馆馆舍设计优异，被阿达·路易斯·赫克斯塔布尔称为"1980 年代的建筑盛事"，而菲利普·约翰逊则认为，这是他所见过的功能性最好的博物馆。

赛克勒写信给大都会博物馆，告知他们《波士顿环球报》的文章是错误的，并要求馆方澄清事实。他已经向大都会博物馆捐资数以百万计，而且从未拒绝为其购买馆藏捐资，该馆拥有的许多重要馆藏也由赛克勒捐资购入或捐赠而来。大都会博物馆曾允诺安排一个中国展览，而赛克勒已为其花费 50 万美元，但该展览始终未曾举办。关于赛克勒楼，他曾与霍文有过约定，北楼和南楼的造价应该相同。尽管此时大都会博物馆暗自抱怨赛克勒没有足额给付，但他的先期捐款额已经几乎达到了洛克菲勒楼首捐的两倍，而赛克勒楼与洛克菲勒楼大小相同。被欺骗的是赛克勒，而不是大都会博物馆。承载丹铎神庙的新楼之所以能建成，是因为赛克勒站出来付了款。当这一项目被证实极其成功后，那些当时不愿出资的人现在心生妒忌。赛克勒的律师告知《波士顿环球报》："有说法认为赛克勒从'数倍于其对大都会博物馆实际捐款'中，获取了逾百万美元的慈善事业减税，这一说法是错误的，因为该做法从未被考虑、安排或实施。"

当《波士顿环球报》的监察专员介入调查后，该报于 4 月刊发了一则更正，说那位记者"是不准确的新闻稿的受害者，该新闻稿显然（自称是无意地）误导了"这位记者。该更正还说那位记者也是"不充分报道"和使用"令人质疑的消息来源"的受害者。那位"内部人士"指责赛克勒不允许麦克亚当斯公司加入美国广告机构协会，该指责也遭到了驳斥——该公司曾作为该协会信誉良好的会员达 15 年之久，但由于抗议香烟广告而于 1962 年退出。该报还进一步洗清了赛克勒在艺术品领域内的其他指责。首席检察官在两起调查中均证实赛克勒无任何不当行为，存在过错的是大都会博物馆和美国印第安人博物馆，而不是赛克勒。赛克勒从未有过 100 万美元的税务减免。"内部人士"的名字也被揭露出来，原来是一位大都会博物馆的高管。赛克勒威胁要对大都会博物馆的恶意诽谤提起诉讼，结果他收到了一封落款为 1982 年 4 月 12 号的道歉信。

人们或许认为，现在大都会博物馆的官员们应该会幡然悔悟了，但他们却廉耻尽泯。他们仍坚持认为赛克勒楼的承诺捐款没有付清——对北楼来说显然并非如此，但对南楼来说确实如此（霍文写道"尼尔森·洛克菲勒逃避债务"并且"不履行承诺"）。他们解释说，赛克勒要求了"不合理且难以成立的合约"。如果确实如此，那么大都会博物馆为何又签署了合约呢？有谣传说赛克勒通过内部交易，从大都会博物馆买入藏品——这绝对是谎言，而时至今日，赛克勒捐赠的多数藏品均标为"匿名捐赠"。流言盛传，关于中国石雕展室中藏品，存在"不正常情况"。确实不正常，因为捐助者大多仅需为展室冠名付费，而不需要购买其中的展品，但赛克勒却出资购买了这些展品，那时赛克勒根本不需要为这些藏品来补偿大都会博物馆。这些毫无根据的指责着实荒谬。赛克勒有更为重要的工作，没有时间和大都会博物馆的官员们玩这种无聊的游戏。他听说过某个大都会博物馆的管理员有回扣问题，但当记者打电话跟踪了解此事的时候，赛克勒却只字未提。1982 年 9 月，赛克勒让他的律师们通知大都会博物馆，他将运走自己的藏品。在此之前，赛克勒仍一直希望通过捐出大量藏品，换取另一个展室的冠名权。

1982 年 9 月，当正式宣布将举行梵蒂冈展览的时候，蒙特贝罗告诉《纽约时报》，是他想到的要举行该展览，并带着这一想法找到了纽约的特伦斯·詹姆斯·库克红衣主教。而当该展于 4 月揭幕的时候，却非常糟糕。展览更名为《教皇与艺术》，而所选展品并不能与该名字相得益彰。考古学家艾丽丝·洛夫对其印象不佳，她对赛克勒说展品选择很怪异。赛克勒解释说，他曾建议的名称为《艺术与信仰》，而新名称不得不代表各个不同时期，但并不是每位教皇都善于鉴赏艺术。他曾设想在展览中加入全球教派统合的元素，而现在成了仅限于天主教的展览。菲利普·莫里斯公司的赞助，使该展览加入了金钱、银行、赞助、癌症的意念，这些均与他原来给梵蒂冈的建议南辕北辙。《时代周刊》的评论是负面的，困惑于为何展品中包含有一块埃及的石头（这是赛克勒原来所选的展品之一）。赛克勒说，显然罗伯特·休斯可以看出其中有诈。而《纽约时报》则大肆夸赞该展览"不可思议"，是"终极巨型展览"，是蒙特贝罗为纽约市作的绝妙贡献。（《纽约时报》发行人阿瑟·奥克斯·苏兹贝格是大都会博物馆董事会成员。）蒙特贝罗对大都会博物馆的主要贡献仅为这一展览。当他 25 年后退休的时候，该展览被说成为他的颠覆性成就。

梵蒂冈展览最完美的展出地是赛克勒展览大厅，但该大厅已被用作咖啡厅和礼品店。其他展室被清理出来用于《教皇与艺术》展，这花费了一笔相当不菲却不必要的开支。赛克勒提出抗议，他和家人捐助数百万美元可不是为了开设"咖啡厅"。但没有得到任何回应。赛克勒感到别无他法，只得援引协议中的规定，据此他可以要求赛克勒展览大厅用于展示亚洲艺术品。结果，大都会博物馆把日本和其他亚洲艺术品永久性地迁入了这部分展馆。阳台被封闭起来，而且还在展厅里建了一面高及天花板的墙，由此，赛克勒楼那种高高耸立，而地平线消失于远方的特效被破坏掉了。它魅力不再了。

华盛顿特区赛克勒美术馆

赛克勒博士来到华盛顿

正当赛克勒开始与哈佛大学接洽的时候，史密森尼博物院也为一个项目找到了他。史密森尼博物院是美国的国家文化中心，享有联邦政府的支持。它始建于一笔意外收获的捐款，詹姆士·史密森于1836年通过遗嘱捐献了508,318.46美元，用于"在华盛顿建立一个名为史密森尼博物院的机构，用于人类知识的增长和传播"。史密森是诺森伯兰公爵的儿子，但因为长子继承制而无法继承爵位、城堡或土地。尽管他从未到访过美国，但他仰慕美国平等且无阶级的理想。正如他之所为，他支持个人责任，支持自立。幸亏约翰·昆西·亚当斯从"贪婪而不成器的政坛豺狼"手中，保护了这笔遗赠，它才最终得以于1846年被国会接受。1847年，史密森尼博物院主楼建成。

到1980年，史密森尼博物院包括九个博物馆，数个科学实验室，一个动物园以及一座天文馆（与哈佛大学合作）。其中四个主要博物馆为国立美国历史博物馆、史密森尼美国艺术博物馆、国立自然历史博物馆和国立航空航天博物馆，这都是世界上参观人数最多的博物馆。知名度略逊，但却堪称王冠上珠宝的是弗利尔美术馆，里面收藏了惊人的亚洲和美洲艺术品。该馆因底特律金融家查尔斯·朗·弗利尔得名，于1922年开馆。弗利尔规定不得改动他的完美成就，既不能借出藏品，也不能借入展品。因此该馆一成不变，不能像现代博物馆一样演进。后来其他艺术品，主要是亚洲艺术品，也收入其中，但到1970年代晚期，史密森尼的执行官们决定遵守弗利尔的原始约定。为了不违约，必须为亚洲艺术品修建一座新的博物馆。

与哈佛大学的情况不同，史密森尼博物院不仅需要一个新的馆舍，而且需要足够的存储区，容纳其重要的亚洲艺术品。史密森尼博物院行政总裁狄龙·利波雷是一位杰出的鸟类学家和作家。从1964年以来，他一直领导着史密森尼博物院。根据传统，所有的史密森尼博物院行政总裁均为科学家，而且他们都被鼓励继续进行各自的专业研究工作。利波雷既有领导人魅力，又有办事能力，轻松地说服了国会支付史密森尼博物院现代化的费用。他于1970年创办了《史密森尼杂志》，该杂志非常成功，增强了这家老博物馆的吸引力。也是利波雷，最终敲定了铀矿大亨约瑟夫·赫希洪对该馆的捐赠，并以其命名。

利波雷听说赛克勒有西方最大的私人亚洲艺术品收藏，于是相约到纽约赛克勒家拜访。在那儿，他立刻认出了一张明代的床，该床曾属于他的朋友比尔·德拉蒙德，他们二人曾一同在中国供职于战略服务办公室，从此结识为友。赛克勒告诉利波雷他确实是从德拉蒙德处购得此床。利波雷认为这一巧合"非常奇妙，说明我们之间注定存在某种联系"。利波雷解释说，资金不是问题。"我们不需要资金——我们需要艺术品和建议"。赛克勒回答说："这两样我很多。"利波雷的宏伟规划是，在一个博物馆复合体里面建两个博物馆，分别容纳亚洲和非洲艺术品。那时，所谓的国立非洲艺术博物馆位于几栋联排别墅里面，其中的一栋曾属于弗雷德里克·道格拉斯，过去的一位废奴主义者和社会活动家。

急需的不仅有容纳亚洲和非洲艺术品的博物馆，还有该博物馆在运营、雇员和项目安排方面的多样性。利波雷希望这两座博物馆可以平息对史密森尼博物院的批评。因为华盛顿国家广场的建筑高度不能超过华盛顿纪念碑，利波雷欲建一座前所未有的大型地下博物馆复合体，即"四合院"项目，该项目选址于史密森尼主楼旁边的一块四英亩的地块，那时该地块被用作停车场。赛克勒觉得这块地有点小，但计划是把新博物馆和弗利尔美术馆直接连起来，那么在赛克勒美术馆办展览的时候，就可以利用两座博物馆相当可观的资源。利波雷从国会拿到了前期资金后，指定建筑师谢普利、布尔芬奇、理查森与阿博特规划了初步方案。

赛克勒收藏包含众多相仿的手工艺品样品，这不同于其他收藏，那些收藏中每种工艺品往往仅留一件，而其他次要的全部卖掉，所以赛克勒收藏可以为新博物馆提供一个非常好的基础。赛克勒承诺史密森尼博物院，可以从其亚洲艺术品收藏中挑选价值五千万美元的艺术精品。精彩绝伦的中国玉器、青铜器、绘画和漆器构成了收藏的主体，辅以出色的日本、韩国、柬埔寨、泰国、印度和古代近东（尤其是波斯萨珊王朝的银器）艺术品。赛

利波雷博士和夫人与赛克勒博士和夫人在赛克勒美术馆工地

左上： 赛克勒博士和利波雷博士
右上： 赛克勒博士和夫人
右下： 劳顿博士与赛克勒博士和夫人

克勒还承诺追加捐款四百万,用于博物馆复合体的建设。托马斯·劳顿博士回忆说:"由于国会需要承担大部分建设费用,议员们对四合院项目并不积极。"而赛克勒的"捐赠赋予四合院项目新的动力。国会议员们对该项目有了新的视角,最重要的是,他们同意提供资金了。因此,毫不夸张地说,赛克勒的捐助并不局限于他的美术馆和其中的藏品。他的支持保住了新馆关键的建设势头,从而最终成就了整个四合院项目。尽管我认为赛克勒对发挥这一关键作用非常自豪,但我却从来未听闻他对别人提及此事"。

1982年5月,史密森尼博物院的执行官们表决决定修建两个新博物馆,这一意向提交国会表决。赛克勒的协议签署于1982年7月28日。劳顿花了六个月以上的时间,从赛克勒的收藏中挑选艺术品,他主要从大都会博物馆内室以及赛克勒的曼哈顿公寓中挑选了玉器和青铜器。劳顿发现这位收藏家"极为慷慨……他对被挑中的藏品毫不吝惜,而且不会说'我想保留这一件或那一件'。他也没有规定这些藏品如何使用以及博物馆将要如何管理"。赛克勒唯一没有同意被挑走的是那件具有两千四百年历史的楚帛书,这是已知的附图汉语文本的最早样本。他希望有朝一日,可以把它共同捐给他在华盛顿的博物馆和他在中国的博物馆。当劳顿快要超过协议中的限额时,他向赛克勒解释了他取舍时的两难境地。而赛克勒的答复是:"噢,不要在意限额,尽管挑选你所需要的。"最终赛克勒捐给史密森尼博物院的一千件艺术品,在1987年的估值为七千五百万美元。赛克勒仍保留有数以千计的中国以及古代近东的艺术品,其中数千件为精品。他找到大都会博物馆,希望捐献含已捐藏品共一千件艺术精品,换取一个以他命名的中国艺术博物馆。但他和大都会博物馆之间的关系已恶化到如此程度,以至于无法就此进行协商。

与此同时,赛克勒还在继续收藏。有一次,他来到伦敦的一家艺术博物馆,遇到其主人戴维·哈利利。哈利利说他们的会面一定是上天注定的,因为他有赛克勒的电话号码,并且正准备给他打电话。哈利利和赛克勒多次见面,并做成了多笔交易,其中一部分被赠给了赛克勒美术馆。

在1983年2月份的《史密森尼杂志》中,利波雷宣布,通过建设亚瑟·M.赛克勒美术馆和国立非洲艺术博物馆,将可以恰当地展示纵贯非洲、东地中海直至太平洋彼岸的远东的多彩的人类文明。他解释说7500万美元建设费用中的一半将由政府承担,另一半将通过私人渠道募集。这两座博物馆的地基挖掘很快就开始了。因为华盛顿特区的地下水位很高,荷兰工程师被请来帮助处理建筑的防水问题。玛丽·利波雷,狄龙·利波雷的夫人非常喜欢园艺,坚持要求修改规划来保护一株大树。首席建筑师让·保罗·卡利汉,构想用两座亭子风格的建筑作为主楼的框架。他指出:"漂亮的明代瓷器的制作者非常用心,我也一样用心。博物馆建筑应该低调、庄严、服从,应该用料讲究。建筑师应该采取克制的态度,不能凌驾于艺术品之上。"尽管赛克勒认为,如果入口处亭子风格的建筑,能够与弗利尔美术馆等高,会显得更为和谐,但他说没必要让外观过于宏伟,因而并没有干涉设计师的设计。

1983年5月,利波雷打电话告诉赛克勒,他将离开史密森尼博物院了。利波雷说,来史密森尼博物院已经二十年了,是该离开的时候了。不久就正式宣布雷普利将于下一年退休。这个时间安排很不幸,因为他最喜欢的两个新博物馆项目还未能完成。1983年6月21日,赛克勒美术馆破土动工。此时,美国刚刚从上个十年的紧缩中走出来,这可是一个令人高兴的时刻。副总统乔治·H.W.布什特别高兴地要来参加支票捐赠仪式,因此安全措施非常严密。劳顿回忆说:"我们刚刚就座,一位年轻的特工人员就过来了……她的部分职责是预先检查副总统有可能接触的物品。所以她非常客气地问,她能否看一下赛克勒博士将要交给副总统的支票。赛克勒博士毫不迟疑地拿出支票本递给了这位年轻的女特工。她非常认真地检查后说'但这是一张空白支票啊'。赛克勒博士回答'确实是'。话音未落,他便写了一张两百万美元的支票。这是我这辈子第一次看到有人写这么大面额的支票。"

西周早期玉坠，华盛顿特区赛克勒美术馆

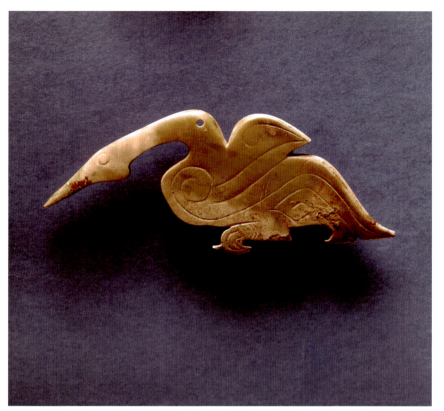
商代玉坠，华盛顿特区赛克勒美术馆

约公元前12—前11世纪商代酒器
华盛顿特区赛克勒美术馆

公元前 13—前 12 世纪商代礼仪用青铜器
华盛顿特区赛克勒美术馆

西周大理石枭瓶
华盛顿特区赛克勒美术馆

唐代棕釉陶马
华盛顿特区赛克勒美术馆

公元前6—前5世纪东周早期青铜饰金银礼仪酒器
华盛顿特区赛克勒美术馆

公元前5世纪东周早期铜与其他金属镶嵌青铜礼仪酒器
华盛顿特区赛克勒美术馆

公元前 11 世纪西周礼仪用青铜器
华盛顿特区赛克勒美术馆

公元前 11—前 10 世纪西周青铜酒器
华盛顿特区赛克勒美术馆

公元前 11 世纪西周食品容器
华盛顿特区赛克勒美术馆

公元前 11 世纪西周礼仪用青铜器
华盛顿特区赛克勒美术馆

(对侧)
春秋战国时期佛造像石碑
华盛顿特区赛克勒美术馆

约公元前 6 世纪东周青铜钟
华盛顿特区赛克勒美术馆

赛克勒很高兴能介入史密森尼博物院，这家美国最重要的文化机构。它获得了联邦资金的支持，因此不需要"祈求帮助"。在工程破土动工后的招待会上，赛克勒说："这是一个具有特别意义的时刻，它寓意着一个国家的伟大，而作为其基础的哲学理念，则代表着今后人类最伟大的希望。"最终，他感到很幸运，因为哥伦比亚大学和大都会博物馆表现得如此可悲。如果当时哥伦比亚大学完成了那个博物馆项目，它肯定已经"精选"了他最好的藏品，而这些藏品也就仅能陈列在相对寒酸的地方；如果大都会博物馆表现得体，他也会从道义出发，把最好的藏品捐给它。若果真如此，他将永远不会得到史密森尼博物院所给予他的绝佳机会。

他对其博物馆位于地下很满意，因为大多数藏品原本来自地下的墓室。他说："这里存放古董尤为合适，正是由于大地的呵护，这些古董才得以躲过了人类的鲁莽和遗弃，躲过了暴力和多变的环境，躲过了人类的劫掠。在这里，在首都的华盛顿国家广场畔，在安全的地下，在控制得非常理想的大气湿度和紫外线环境下，与噪音、污染和环境影响隔绝，数以百万计的美国人民和访美游客，可以接触到我们共同祖先的审美信息，与之神交；可以舒适地静享和鉴赏，不同地域、不同时代的人民所能创造出来的，美好和伟大的艺术品。"

赛克勒期望华盛顿最终能成为美国的文化首都。他 1983 年写道："新的亚瑟·M. 赛克勒美术馆……将会致力于实现我所热衷的另一个文化概念。每年会有数以百万计的美国人赴华盛顿朝圣，他们往往会携带自己的家人，本馆的主要目标就是给他们一个机会，让其观察，我们作为一个民族，在时空上与其他民族有机相连的程度。通过展示这些体现不同文化的艺术品，这些文化来自太平洋沿岸、亚洲大陆（日本、中国、印度）和中东，埃及以及古典的希腊和罗马，我希望本博物馆可以搭建起理解的桥梁，使来自不同信仰、不同种族或政治意识形态的民族可以相互尊重。我相信这将是 21 世纪中，文化最重要的作用。我们的时代急需认识到，文化的各个组成部分——包括艺术、科学和人文——可以提供最自然、最根本的桥梁，使不同民族得以在精神、情感和学术层面上进行沟通。"

赛克勒和利波雷一直保持着朋友关系。他和下一任史密森尼博物院行政总裁罗伯特·麦考密克·亚当斯也保持着良好关系。亚当斯曾经是芝加哥大学一位很受欢迎的教务长。1984 年 9 月 17 日，这位第九任行政总裁接过了主楼的钥匙。他希望"国家的阁楼"能够成为学术领导者的国家中心。他认为史密森尼博物院非常类似于一所国立大学，因而应该追求最重要的学术研究和最好的教育性展览。他希望该博物院能建立起与知识界的良好关系，召集更多跨机构、跨学科和跨不同博物馆的活动和合作。

亚当斯和赛克勒有很多共同语言，而且也经常沟通。二人均对新博物馆非常兴奋。当一个充实赛克勒美术馆藏品的令人激动的机会不期而至的时候，亚当斯给予了完全支持。

1985 年初，格伦·D. 劳里，一位赛克勒美术馆极其聪明而且精力充沛的年轻主任，也是一位伊斯兰艺术专家，发现有可能可以得到维维尔收藏，便带此消息找到劳顿。该收藏是波斯艺术品的最佳收藏，当时仍在私人手中。但在其主人亨利·维维尔四十年前去世后，该收藏便"消失了"，现在又突然出现。劳里解释说，他母亲与在巴黎的餐友聊起了儿子的工作，该餐友提起其儿子也有一个收藏，并描述了该收藏。当她向儿子转述该收藏时，劳里意识到这有可能是失踪的维维尔艺术品。那人是维维尔的一位继承人，为了避免占领法国的纳粹的破坏，那些收藏正存在纽约。

劳顿立刻找到赛克勒，他下定决心要为新博物馆添加这一收藏。维维尔的继承人正在寻找处理这些藏品的途径，该收藏主要是文本和手稿。很多是以前从未展出过的。法国是他的第一选择，但赛克勒非常执着地要为美国留下这些藏品。劳里的副手米洛·比奇也是一位伊斯兰专家，他们二人前去参观了那些藏品，认为它们令人称奇。随后，赛克勒会见了这位维维尔继承人的美国律师拉里·布林。赛克勒很有说服力地陈述了欲把这些藏品留在美国的理由，因为欧洲的各大博物馆已经有了很多非凡的伊斯兰手稿。1985年5月，赛克勒施展了高超的劝说能力，并最终和对方达成了交易。赛克勒找到罗伯特·亚当斯，他对这一交易表示赞成，并将其报送执行委员会。博物馆的出资金额议定后，赛克勒补全了余款。1985年10月8日缔结合约，维维尔收藏并入了赛克勒美术馆。史密森尼博物院行政总裁亚当斯称赞此次收购"或许是史密森尼博物院历史上最重要的收购"。这对于每一位相关人员都是一大成就，亚当斯、劳顿和比奇支持了收购，赛克勒贡献了谈判技巧，格伦·劳里与其母亲创造了机会。

在国家美术馆的新东楼建好之后，华盛顿国家广场仅剩余一块空地。这块三角形空地位于东楼的对面，离国会不远。它曾一度被考虑用作赛克勒美术馆的馆址，但把新的亚洲艺术展馆与弗利尔美术馆衔接更有意义。1985年5月，亚当斯告诉赛克勒，他计划在那块空地上建一座技术博物馆，IBM愿意为此大笔捐资，而且博物院的执行委员们好像也会批准这一方案。赛克勒提出了一个新想法，它将改变这些方案。赛克勒一直在思索如何处理美国印第安人博物馆。该馆发挥不出应有作用，其董事会一事无成，还有传言称其成员之一有腐败问题。其馆长欠缺组织能力，而馆中记录缺失、藏品荒废。如果听任其在阿姆斯特丹大道和165街交汇处，这一偏远、危险的地方沉沦下去，赛克勒怀疑该馆永远都不会吸引到参观人群。该馆的主要捐助人乔治·海耶留下了数以千计的藏品，但其中多数仍在包装箱内，保存于布鲁克斯的一家仓储设施，没有任何人能够见到。不幸的是海耶没有留下赠款，还规定这一收藏不能离开纽约市。

赛克勒建议亚当斯接管美国印第安人博物馆，并将其藏品迁往库珀·休伊特大厦。他们可以在这里建一座地下建筑群，类似于华盛顿国家广场畔在建的赛克勒美术馆。如此可一石三鸟，解决三个问题。首先，这可以极好地发挥库珀·休伊特地产的作用。利波雷购入该地产时未经执行委员会或国会许可，而史密森尼博物院正困扰于这一馆舍别院昂贵的维护费用。其次，优秀的美国印第安艺术品可以迁往第五大道这一黄金地段，这些艺术品（其中很多都很脆弱，而且情况在恶化）能得到更好的保护。最后非常重要的一点是，这也可以解决赛克勒与美国印第安人博物馆之间的私人问题。他借给该馆数以千计的藏品，目的是希望它们能够得以展示，学者们也可以对其进行研究，而不是将其藏入库房。

在首席检察官对赛克勒与美国印第安人博物馆之间关系进行调查之后，赛克勒震惊地获知，他借给该馆的一单藏品居然没有登记。他认为，如果史密森尼博物院可以接管美国印第安人博物馆，可以省去很多麻烦，每件藏品将可以妥善编目，而他的收藏也可以最终得以展示。

赛克勒知道他的建议尤其会得到罗伯特·亚当斯的赞同。亚当斯是一位以对古代文明的广泛研究著称的人类学家，他同情被压迫民族，期望能够复兴美国印第安人文化。另外，作为博物馆的领导，他也会一直寻求博物馆的拓展。赛克勒说他曾考察过该馆的藏品，即包括在该馆馆内的藏品，也包括在布鲁克斯仓库中的藏品，他个人认为这些藏品极其重要。

在赛克勒建议的推动下，亚当斯与华盛顿诸多具有影响力以及对此感兴趣的人，共同探讨了建立美洲印第安人博物馆的可能性。他对此如此感兴趣，以至于他觉得这样一座博物馆将比一座技术博物馆更为鼓舞人心。只有在华盛顿国家广场展出美洲大陆先民的文化，才是妥当的。当赛克勒得知规划的变化时，他担心纽约议会代表团不会同意那些藏品离开纽约，而违反海耶的规定。亚当斯就此向执行委员们申诉，其中包括纽约参议员丹尼尔·帕特里克·莫伊尼汉。当莫伊尼汉同意美洲原住民应该享有此种礼遇时，此事的障碍即已清除。海耶的遗赠要求逐渐得到了修改，从而准许该收藏可以由两座博物馆共享，一座在华盛顿特区，另一座为纽约鲍厄里街那座古老的带有美术风格的海关大楼。2004年9月21日，国立美洲印第安人博物馆新馆于国家广场畔开馆。

赛克勒博士夫妇、卫生与公共服务部部长玛格丽特·赫克勒、莱纳斯·鲍林博士、梅耶校长出席塔夫茨大学赛克勒健康交流中心破土动工仪式

为科学而生

1979 年初，塔夫茨大学校长让·梅耶找到了赛克勒。他非常了解赛克勒对特拉维夫医学院和大都会博物馆赛克勒楼的捐助，希望也能加入进来。梅耶于 1920 年出生于法国巴黎。他参加了二战，并且获得了英勇十字勋章，之后梅耶移民美国。他是最早涉及营养学，并在该领域有著述者之一。他还长期担任孟山都公司董事会成员，并以其项目为傲，尽管公司的政策有时会与环境保护发生冲突。

1976 年，梅耶成为塔夫茨大学校长。该校位于马萨诸塞州梅德福，被周围的诸多名校夺去了光彩，它周围有麻省理工学院、约翰·霍普金斯大学、波士顿大学，当然，还有哈佛大学。塔夫茨大学从未被认为是特别理想的大学，因此也吸引不到拔尖的学生。它被认为是富人家孩子去不了常春藤大学之后的选择，其学术研究一向并不突出，而校园内的建筑和设施总的来说也不太好。由于塔夫茨大学的托管人和校友没有向学校捐赠的传统，所以该校基本上也没有获得过赠款。在其梅德福校区，仅有弗莱彻外交学院较有声望，但它隶属于哈佛大学，其与塔夫茨大学的联系一般被人忽略。

通晓人际关系的梅耶意志坚定、动力十足，发誓要改变塔夫茨大学的财政状况。作为其募捐行动的一部分，他聘请了一家咨询公司。数月已过，该咨询公司在收取了高额服务费后，提交了一份报告，说明最多可以筹集到 1500 万美元。梅耶 1950 年至 1976 年期间曾在哈佛大学工作，来自捐资众多的哈佛大学的他，觉得这是一个令人可笑的数额。生性乐观的梅耶即刻把那份推荐捐款人的报告不耐烦地扔到一旁，并把募集捐款的额度增加了 1 亿美元。几年之内，梅耶实现了他募集 1.15 亿的目标，并开始募集另外 2.5 亿美元。1992 年退休时，梅耶已经成了募集资金的传奇人物。

但当赛克勒遇到梅耶的时候，塔夫茨大学正处于混乱之中。一份校史材料称 1979—1980 年这一阶段为"可怕的一年"。梅耶面临很多压力，几乎无法坚持完他的第三年任期。董事会非常紧张，因为梅耶的开销已经把这所大学拖入了赤字，教员们在抱怨，教务长和艺术与科学院长均已辞职。校园内无人相信梅耶的发展蓝图，但他一往无前地推进着他的宏伟计划，筹款是关键问题。

1979 年 1 月 5 日他们见面时，赛克勒已经从其营养学领域中的著述中，对梅耶有所了解。赛克勒也熟悉梅耶父亲安德烈的著作。安德烈是一位伟大的科学家，曾在克洛德·贝尔纳最赏识的一个学生的实验室中工作，他还发起成立了联合国粮农组织，并推进了该组织在联合国的作用。在赛克勒和梅耶的首次会面中，梅耶提议在波士顿市中心的塔夫茨医学院校园，建一座新的赛克勒学院。赛克勒那时刚刚同意在哈佛大学建一座教学博物馆，所以不想摊子铺得过大，但梅耶向他保证，相比哈佛大学，赛克勒在塔夫茨大学的"投资效果会更大"。赛克勒一直是跨学科项目的推进者，不赞成旧有的学生培养模式，他提议，如果赛克勒学院可以把免疫学和神经科学合并起来，那么可能会为塔夫茨吸引来拔尖的研究生。

尽管塔夫茨大学的排名不及其他与赛克勒有联系的机构，但赛克勒认为梅耶具有成为一名卓越领导人的潜能。赛克勒很欣赏他广泛的政治联系，他已经成功争取到了联邦政府 1 千万美元的资助，用于建设一座新的兽医学院。塔夫茨医学院位于波士顿市中心，隶属于新英格兰医学中心，那时已经颇有名气。赛克勒立刻联系了他的朋友路易·拉萨尼亚，他被称为"临床药理学之父"，那时在纽约罗切斯特大学医学中心。开始他对赛克勒的一些结论提出质疑，但后来，拉萨尼亚被说服了，他们成了很好的朋友。

赛克勒非常想知道拉萨尼亚对梅耶的看法。他认为梅耶关于营养学的某些观点有讹误，而且还听说他行事机敏但不太可靠。拉萨尼亚认为梅耶为人诚实，和赛克勒一样也信奉浪漫的理想主义，有解决大问题的抱负，因而是赛克勒的"精神上的兄弟"。

梅耶给赛克勒的信中写道："您建议要特别关注'非可控变量'，研究者们并不认为这些变量重要，但它们却有可能否定其研究工作的结果。"因此他提议创立赛克勒生物医学学院——作为塔夫茨大学研究生院的健康科学分支。"赛克勒学院的主要办公地点将位于我们计划在波士顿校区新建的大楼内。该学院主要有两个相互关联的任务。第一，管理面向医学院、兽医学院、牙医学院，以及研究生院其他学院中将来希望从事生物医学事业的研究生开设的教育项目。第二，与第一个任务紧密关联，该学院要开展试验医学方法论方面的研究。"该学院会授予双学位——医学博士-哲学博士，兽医学博士-哲学博士或者牙科学博士-哲学博士。一个冠名基金即可以为新赛克勒大楼带来数以百万计美元的联邦资金。其后，赛克勒找到拉萨尼亚，问其是否可以出任该学院首任院长。拉萨尼亚对此很感兴趣，而梅耶对此也予以赞同。

赛克勒生物医学研究生院被决定建在波士顿市内的医学院校区。原有生物医学系的项目将被升级，提供给学生一个具有挑战性、可以获取双学位的宝贵机会。赛克勒知道免疫学和神经科学相结合会有益于创新，他也知道这会为塔夫茨大学吸引最高质量的申请者。赛克勒是第一位为塔夫茨捐款的大牌捐助者，而他却并非该校校友。赛克勒当时已经具有国际声誉，开始为塔夫茨大学吸引来更高档次的捐助者。

此项目很快即达成协议。协议首稿于1979年9月完成，最终协议于1980年1月签署。通过追加数笔后续捐款，赛克勒的捐款额超过了原定额度。他还邀请他的弟弟们来共同捐助。在1970年代，对艺术和科学如此规模的私人慈善捐款非常少见，所以能取得如此可观的捐助，对塔夫茨大学来说是一个胜利。塔夫茨大学每个人都非常开心。工程于1980年10月7日破土动工。应赛克勒邀请，卫生与公共服务部部长玛格丽特·赫克勒出席了动工仪式。

梅耶还非常急于升级塔夫茨大学的医学图书馆。根据塔夫茨大学和哈佛大学之间的校际安排，塔夫茨大学的学生须使用哈佛大学馆藏丰富的图书馆，来满足他们对大部分图书资料的需求。赛克勒被劝说捐资逾500万美元来建设一个新的医学图书馆。该建筑将可提供急需的教室以及办公空间，以及一个先进的图书馆。当意识到这一设施的功能远超老式图书馆的时候，它的名称也被拓展为"健康交流中心"。它包含了医学图书馆，而且还提供最新的计算机服务，这使塔夫茨大学做好了迎接网络革命的准备。正如梅耶所说："它将运用最新技术，把全世界的知识带入健康科学的课堂，带到为患者的服务中，并把全世界的医学研究努力联系起来。"

亚瑟·M. 赛克勒健康交流中心坐落于波士顿哈里森大街，于1986年正式启用。为此举办了数日庆祝活动，其中包括首个世界范围的在线大学会议。赛克勒建议启用卫星通讯功能，举行一个能与中国科学家沟通的健康国际会议。他和在中国的朋友一起商量安排，他自己承担了全部费用。中国卫生部长钱信忠和数位中国医生一起出席了连线会议，很多人在北京某地也参与其中。

值此机会，姬莉安·赛克勒为她的丈夫组织编写了一本《纪念文集》。

赛克勒经常在他《医学论坛报》的专栏里提到塔夫茨大学和梅耶。他们就健康领域的发展以及大学的状况，经常保持着沟通。梅耶决心提高塔夫茨大学外国留学生的比例，那时已达大约15%（而哈佛仅有3%），赛克勒当时经常来往中国，于是安排梅耶同他一同前往中国，联系中方高层。

梅耶还募集到了其他一些大额的冠名基金，塔夫茨大学正在成几何级数地快速发展，然而募集到的捐款还是令人忧虑的匮乏。赛克勒在努力寻找方法，为塔夫茨大学，尤其是其医学院、赛克勒学院以及健康交流中心寻求资金来源。他想到了一个"具有远见"的方案，在波士顿的铁路场站建设一座盈利的制药工业园。赛克勒具有促成这一项目的商业能力，同时在制药界有广泛的联系，可以劝说制药公司入驻该园区；而梅耶则拥有所需的政

塔夫茨大学亚瑟·M.赛克勒健康交流中心

治联系，可以取得适用的政府许可以及联邦资金。马萨诸塞州参议员爱德华·肯尼迪对卫生保健事业尤为关心，愿意为该项目提供帮助，而且他也具有为本州获取资金的资历和实力。所以梅耶能够拿到所需许可及资金。尽管赛克勒为此做了很多基础性工作，但未能在生前看到项目落成。

　　赛克勒借给了塔夫茨大学三幅他请人绘制的画作，它们所描述的是医学、科学和人文科学方面的重要时刻。也许其中最重要的一幅是尼古拉·德·斯塔尔的《迈蒙尼德的忠告》："教会自己的嘴说'我不知道'，然后你就会进步。"摩西·本·迈蒙［迈蒙尼德］(1135—1204)是一位受人尊敬的犹太法师和哲学家，他把宗教职责和治病疗伤联系在一起，并成为一名医生。他的代表作《迷途指津》结合了阿拉伯教义和犹太法典的传统。赛克勒崇拜他的推理、对慈善神圣义务的强调，以及他对犹太教和伊斯兰教双方的重要性。这幅画作目前保存在波士顿塔夫茨大学亚瑟·M. 赛克勒健康交流中心。

克拉克大学因乔纳斯·克拉克得名，它位于马萨诸塞州伍斯特市。该校尽管规模不大又处于一派田园风光之中，但却拥有不凡的历史。1981年，该校校长莫蒂默·H. 阿普利向赛克勒募捐资金，谋求升级学校的科学设施。赛克勒对此也有兴趣，他知道克拉克大学以吸引有创见的人才而著称，比如土生土长的伍斯特本地人罗伯特·哈钦斯·戈达德就是美国最伟大的科学家之一。他于1926年发明了液体推进火箭，是太空计划的先驱。不幸的是，他的技术也生产出了致命的武器，带有核弹头或原子弹头的火箭。也是在克拉克大学，西格蒙德·弗洛伊德于1909年唯一一次到访美国，参加一个世界心理动力学先驱者们的聚会。弗洛伊德提出了关于精神病理学和智人行为的相关概念。约翰 H. W. 范欧普豪伊森在参会者之列。其他与该大学相关的杰出思想家有卡尔·荣格、哈德森·霍格兰德、格雷戈里·平卡斯、G. 斯坦利·霍尔，弗朗茨·博厄斯和阿尔伯特·A. 迈克尔逊。

　　赛克勒到访该校校园，会见了莫蒂默·阿普利，并一起讨论了捐资提议。其后他写道："一直特别景仰克拉克大学。它是美国具有竞争力的大学之一，其存在改变了人类对自身以及世界的理解。它可以被称为人类外太空和身体内部（大脑）探索的智力活动发射台。在外太空方面，人类的探索有赖于 A. A. 迈克尔逊。他是克拉克大学物理系的首任系主任，他成功地测量了光速。后来，这一成就使其成为美国首位诺贝尔科学奖获奖者。人类的外太空探索还有赖于罗伯特·哈金斯·戈达德，他在火箭领域先驱性的试验和惊人的创新，助推人类进入太空时代。"

　　1982年5月3日，赛克勒签署协议，资助建立克拉克大学亚瑟·M. 赛克勒科学中心。这座巨大的新建筑将连接原有的科学设施，即1889年建造的生物物理学大楼和1959年落成的杰普逊试验楼。作为这项耗资八百万美元的项目的一部分，旧楼也将得到翻新。这一雄心勃勃的项目旨在扩建该校的教学和科研设施。

　　克拉克大学亚瑟·M. 赛克勒科学中心于1983年5月21日破土动工。阿普利校长援引他人说法，称赛克勒为"科学方法与社会目标之间接口的不知疲倦的探索者"，因为他"在人类努力的多个领域，均取得了杰出成就"。赛克勒回复说："对我而言，克拉克大学这块土地非常宝贵，因为它承载了人类两个最伟大探索的根基——其一为外太空探索、行星际探索，其二为对人类复杂的内部空间的探索，对智人心理的探索。"他接着说："克拉克大学寻求通过学科融合和跨学科交流，增进对世界的认识……它没有仅仅拘泥于火箭机理研究和太空探索，而是还致力于地理学研究，而且它的学者们还研究人类的复杂心理，同时还培养艺术创造性，例如进行音乐教育。"

　　那次访问中，赛克勒很高兴地发现了一张他的"头儿"范欧普豪伊森摄于1909年的一张照片。该照片前排是弗朗茨·博厄斯、威廉·詹姆斯、西格蒙德·弗洛伊德、卡尔·荣

格和阿道夫·梅耶。这张照片勾起了赛克勒美好的回忆。赛克勒回忆道:"在 1930 年代,我曾被引见给阿道夫·梅耶,并数次见过他,那时我作为学生去拜访约翰·霍普金斯大学伟大的医学历史学家亨利·西格里斯。后来,在 1957 年第二届国际精神病学大会上,我在发布我们小组四篇论文之一时,遇到了卡尔·荣格,并和他一起在苏黎世的'老城区'就餐。我和弗朗茨·博厄斯的联系更为间接。他提到了交流理论。之前,他关注到交流的重要性体现于伟大的希腊黄金时代,亚历山大时期前后,在公元前 1 世纪罗马的西塞罗、维吉尔、卡图卢斯、贺拉斯、恺撒、奥维德、李维和塞内卡的时代,当然在其后的意大利文艺复兴时期,艺术、科学和人文之间,也存在文化的相互促进。我关于文化爆发的理论涉及时间和空间的六个要素,其中之一即为交流。"

在接受克拉克大学荣誉学位后,赛克勒作了简短致辞,其中提到"要勇于寻梦,如果我能成功,你同样可以"。此言一出,博得了当天荣誉获得者发言中最为热烈的喝彩。赛克勒在参观戈达德遗物展览后,机缘巧合地,他发现这位伟人也曾经写道:"昨天的梦想是今天的希望,是明天的现实。"赛克勒对此深有同感。

1985 年 3 月 1 日,在赛克勒科学中心的命名仪式上,赛克勒致辞说:"最伟大的智慧和天才,只有在宽宏大量和海纳百川的氛围下才能茁壮成长。克拉克大学就拥有这样的氛围,这类似于人类智慧发展史上其他精干而贡献卓著的社区——比如雅典和佛罗伦萨,剑桥和牛津。"他接着说:"我们把这座科学中心,献给对学生的启蒙,献给学者们对知识的富集,献给教师们带来的启迪。祝愿它可以弘扬科学家们将要进行的探索和发现,并纪念那些已对我们知识的积累、理解的加深,以及由此带来的人类的进步作出了卓著贡献的人们。"

赛克勒博士和克拉克大学亚瑟·M.赛克勒科学中心设计模型

赛克勒博士携夫人参加克拉克大学亚瑟·M.赛克勒科学中心破土动工仪式

在这些极其忙碌且成果丰硕的岁月中，赛克勒一直追踪着最新的医学新闻，开展他的咨询工作，撰写在《医学论坛报》上的专栏，并领导在长岛的实验室。他还和政府官员保持着联系。泰德·库珀就是这些官员之一。库珀出身心脏外科医生，在福特政府的卫生教育和福利部任卫生部长助理。1976年，库珀打电话告诉赛克勒，他极其担心费城出现的一种新疾病。该地爆发了17例原因不明的继发病例，似乎具有很强的传染性，以至于为了避免恐慌，并未向公众公开，但还是走漏了消息。数日内，该病被定名为军团病。赛克勒即刻赶赴华盛顿了解情况，并最早用大白鼠开展了一些针对该新型疾病的实验研究。

1969年至1987年，作为世界卫生组织世界卫生人员国际特别工作组主席，赛克勒在美国、欧洲和亚洲召集会议，他的所有报告均为无偿撰写。在苏联也召开过数次会议，但他对会议所提供的统计数据持怀疑态度，尤其有关震颤性谵妄的数据（那里的冬天是如此寒冷彻骨，他可以理解为何大家都饮酒，甚至会在早餐喝伏特加）。

1979年，作为他在世界卫生组织职责的一部分，他在华盛顿特区发起了影响深远的抑郁症大会。在他所作的主旨演讲中，他指出自杀是致死的主要原因。在美国，二战以来的自杀人数，超过了该国二战、朝鲜战争和越南战争致死人数的总和。他的抑郁症研究大多完成于三十年前，但该领域并没有多少新进展。1975年至1987年，他尽忠职守地担任了国际抗精神疾病联合会副主席。

在一次这样的会议上赛克勒遇到了所罗门·施奈德，施奈德是约翰·霍普金斯大学神经科学系主任。他回忆道："［赛克勒］令我印象深刻的不仅限于其早年研究工作的成就，还有他综观复杂的生物学数据，并从中提炼出共性线索的能力。多年以来，我已经认识到，这种能力才是区分创造力和一般生物医学研究的能力。挑战在于发现那些看上去并无联系的事物，把它们放到一起，然后通过简单、优雅、唯美和朴素的概念，作出跨越不同领域的预判。而亚瑟的工作在很大程度上即为如此。"

赛克勒特别喜欢组织营养基金会会议，并对其由"超人"组成的委员会感到非常自豪。1981年，他担任了在中国召开的第一届国际营养学大会副主席。他还计划在开罗、耶路撒冷和其他城市召开国际营养学会议来促进和平。营养学是他的主要事业之一。1981年，他想到了维生素饮料这一概念，提议用诺贝尔奖获得者莱纳斯·鲍林和罗杰·威廉姆斯命名维生素饮料，他们应该会得到冠名费，而收益的另一部分则归于营养基金会。赛克勒曾与大联盟超市巨头詹姆斯·戈德史密斯探讨过该饮料以及其他健康食品，但因为没有时间开发这些项目，不得不把它们搁置起来。

1984年2月，赛克勒把鲍林带到了费城的莫奈尔学院，该学院研究一切与气味相关的问题。赛克勒从自己的试验中获知，气味与性兴奋有关，而莫奈尔特殊气味研究项目证实了费洛蒙的存在。所罗门·施奈德博士也是该委员会成员，并经常在年会上见到赛克勒。每年在费城艺术博物馆晚餐之后，赛克勒都会带他参观这些画廊。施奈德回忆说："他给我讲解艺术和博物馆的收藏。我是他最好的学生，他可以整整一小时拽着我走遍博物馆，而其他人却在喝鸡尾酒。"在他与赛克勒欣赏绘画、雕塑以及其他美术作品的时候，施奈德说："亚瑟在思考艺术和思考科学时使用同样的策略，观察复杂的不同元素，把它们通过简单的概念组合在一起，并观察它们广泛的影响。"

赛克勒继续推动着从天然植物中提取避孕药的工作，还继续从中国使用的天然疗法中汲取其他治疗方法。1985年，鲍林告诉赛克勒他发现了一种不错的草药，但由于无利可图，没人愿对其进行市场推广。赛克勒提议建立一个非盈利性质的公司来生产该药物，其全部利润将再投入于研究工作。

1983年他在克拉克大学的科学中心启用之后，赛克勒决定关掉自己在长岛的疗法研究实验室。他奇迹般地支撑了自己的前沿研究超过四十年。但由于始终需要购买所需的新技术设备，科学研究变得越来越昂贵。现在赛克勒希望通过他所资助的各个机构，尤其是克拉克大学，保持与前沿研究的联系。他考察了这些机构对衰老问题的研究，并"建议认真考虑把维生素作为研究的一部分"。他还建议克拉克大学，应该率先开展从植物中提取能源的研究。

赛克勒的很多早期研究，都正在被其他研究者的其他研究所证实。施奈德高度评价赛克勒创新性的"研究大脑的方法，把大脑分为阴、阳两套相对立的系统"。赛克勒进一步研究发现"一种叫做神经传导物质的化学信息传递成分，调控着大脑的机能……大约有一百亿个神经元，我们如何思考和感觉涉及这些神经元彼此之间的联络，它们依靠释放叫做神经传导物质的化学物质进行联络"。在反对输精管切除术方面，赛克勒也是一位形单影只的呼吁者。那时，其他所有人都认为，该手术可以绝对安全地阻止性腺功能。后来赛克勒在《科学》上发表文章指出，接受输精管切除术的受试大白鼠发生了睾丸萎缩。其他科学家最终认识到，赛克勒的观点是正确的。

施奈德还说："为了让大家了解赛克勒在简化问题方面的贡献所产生的诸多直接影响，让我来回顾一下赛克勒在生物精神病学方面的一些贡献。"

"根据1952年发布的某些研究，赛克勒推断糖皮质激素，比如可的松，治疗关节炎、过敏和哮喘的药物，会导致精神错乱，事实果然如此。这事实上是使用该类药物最大的局限性。使用此类药物会导致诸如躁狂症和抑郁等精神病症状。"

"亚瑟同时推测，此类药剂会有助于治疗心身疾病，比如溃疡性结肠炎。事实又是如此，在发生这类症状时，这类药物可以拯救生命。"

"根据他的研究，对于精神分裂症和非精神分裂症，他定义了一系列从组胺开始的生物学区分标准。他断定，可的松在神经官能症和精神病上的效果存在差异。那个时代人们曾经认为，如果你神经过敏并感觉焦虑，那意味着你有一点儿疯。而如果你疯得再严重一些，那么你就患上了精神病或精神分裂症。"

"亚瑟可以看出精神病领域有些非常错误的认识。各类精神病并非一个连续体，而是

克拉克大学亚瑟·M. 赛克勒科学中心

彼此独立的疾病。器质性精神病是一类疾病，而神经官能症是与之差别很大的另一类疾病，现在这一观点在精神病学领域已被广泛接受。"

1981年，当赛克勒的朋友，地球物理学家弗兰克·普雷斯博士成为美国国家科学院院长的时候，他非常高兴。他们二人在中国事物和罗马宗座科学院事物方面保持着联系。而且他们都非常遵从科学发现的道德观念，即发现者是"站在巨人的肩膀之上"，因此应该给予前人应有的荣誉，是他们的努力才使得新发现成为可能。但往往为了获奖，出现了一些剽窃他人科学观点和试验结果的事件，这已成为一个严重问题。该问题如此泛滥，以至于国家科学院颁布了一本道德手册。为防被不道德的研究者剽窃，有些科学家保留了自己的发现。

但赛克勒和普雷斯则毫无保留，他们总是讨论与科学相关的各种问题。赛克勒对缺乏跨学科交流深表惋惜。他们逐渐形成了一个理念，即通过国家科学院举办一系列会议，邀请世界各地的领衔科学家参加，从而促进不同领域的知识交流。最终于2000年，美国国家科学院亚瑟·M. 赛克勒系列学术研讨会得以开展，该系列研讨会得到了布鲁斯·艾伯茨院长的支持，而姬莉安·赛克勒为其举办发挥了决定性作用。从此，每年都会在华盛顿特区国家科学院总部，或在加州尔湾市的阿诺德和梅布尔·贝克曼中心，举办四至五场国际研讨会，议题涉及全部医学和科学领域。这些会议的议程都会结集出版并在网上发布。

其他岛屿上的旅程

1980 年代，赛克勒开始更为积极地介入国际艺术领域。1980 年他惊喜地得知，爱尔兰政府宣布他为第一位 ROSC 金奖获得者。ROSC 是爱尔兰语，意即"视觉的诗歌"，该奖颁予艺术领域的重大贡献者。他非常高兴地接受了这一荣誉。他坦承，当他还在纽约市求学的时候，"就开始钦佩爱尔兰之美，不仅欣赏其风光，还欣赏其语言、文学，尤其是戏剧。爱尔兰每百万人所出的天才相当多，尤其在文学界，因为有乔纳森·斯威夫特、奥里弗·哥尔德史密斯、埃德蒙·伯克以及像萧伯纳、约翰·辛厄、肖恩·奥凯西、奥斯卡·王尔德和詹姆斯·乔伊斯这样的作家。"赛克勒亲赴都柏林领奖，下榻于美国使馆，美国驻爱尔兰大使威廉·V. 香农及其夫人接待了他。他的获奖感言既充满学识又略带溢美。他提到爱尔兰"很明显缺少夜莺的存在"，他把这归咎于达尔文的适者生存。他动人地解释道："夜莺在爱尔兰会感到尴尬。它发现其歌声无法与爱尔兰语媲美，于是便离开了这片土地。"他承认非常喜欢古代爱尔兰的青铜器和金饰，也喜欢《凯兰书卷》，他相信"这一圣人和学者的岛国"，在黑暗时代确保了西方学识的生存。在感言结束时他说："世界已经认识到，爱尔兰给予很多国家最珍贵的珍宝，就是他们的人民。这个如此狭小的岛国仅有如此稀少的人口，却有如此伟大和宏伟的心胸和情怀，让我们受惠甚多。"

在优雅的 ROSC 颁奖仪式上，赛克勒遇到的许多人中包括理查德·德马科，他是一位爱丁堡艺术家和画廊主人。1982 年，德马科找到赛克勒，希望可以借用赛克勒的皮拉内西的绘画和蚀刻版画作品，在爱丁堡国际艺术节上展出。爱丁堡艺术节创办于 1947 年，涵盖所有视觉艺术门类。赛克勒爽快地答应在爱丁堡城市艺术中心展出他的皮拉内西作品。同爱尔兰人的情况一样，赛克勒很久以来一直很景仰苏格兰人。令他印象很深的是，苏格兰创办了四所大学——圣安德鲁斯大学、格拉斯哥大学、阿伯丁大学和爱丁堡大学，而英国仅两所——牛津大学和剑桥大学。在乔治王时代，苏格兰有一万名博士毕业，而英格兰仅有区区五百名。毕竟由于有哲学家大卫·休谟，和像约翰·诺克斯一样的新教改革家，以及经济学家亚当·斯密，苏格兰的启蒙运动领先于英国乃至欧洲的其他地方。《大英百科全书》最早于 1768 年至 1771 年在爱丁堡出版。苏格兰科学家发现了青霉素（约翰·麦克劳德和亚历山大·弗莱明）和导致疟疾的原因（罗纳德·罗斯）；他们最早传输了电视画面（约翰·洛吉·贝尔德）并发明了对数（约翰·纳皮耶）。赛克勒对他的两个弟弟可以在格拉斯哥学习也心存感激。在那个美国高校还存在歧视的年代，超过一千名美国医科学生，主要为犹太人，被苏格兰大学录取。

赛克勒更深入地介入了爱丁堡艺术节，而他的妻子姬莉安则担任了艺术节的国际主席。1983 年，赛克勒把名为"安第斯艺术"的展览借与艺术节展出，而 1985 年，他出借给该艺术节"哥斯达黎加艺术展"。1984 年，他为其提供了或许是他最重要的展出"中国绘画及图册精品展"，包括 143 件罕见的中国墨笔画，在爱丁堡大学图书馆上层大厅展出。本收藏的独到之处在于 80 幅道济的作品，出借自普林斯顿大学赛克勒美术馆。道济是一位"17 世纪晚期个人主义风格艺术家的领导者"。赛克勒个人最喜欢的是其中的八叶花。他在该展览目录的前言中写道："你不禁会惊叹于这种富有灵感的创作，令人难以置信的是，道济的'花'居然要比蒙德里安的'菊花'早了两个半世纪。"

德马科称赞赛克勒的贡献为"爱丁堡艺术节有史以来获得的最大的单次赞助"。他赞助的项目范围广而且内容多样。他提议就 21 世纪的博物馆召开一个两天的研讨会，并于 1983 年 8 月出资举办。1984 年他向利波雷建议，史密森尼博物院可以从将于未来的赛克勒美术馆中展出的藏品中，借给爱丁堡艺术节一部分。赛克勒对爱丁堡前景的描述给利波雷留下了很深的印象，以至于他要求每个史密森尼博物院的所属单位都应出借展品，不仅有艺术品，还有手工艺品，值得注意的是还包括了亚伯拉罕·林肯的帽子。这些均在苏格兰皇家博物馆展出。赛克勒还帮助把康涅狄格州大歌剧院的作品，吉安·卡洛·梅诺蒂的《债务》，搬上了 1985 年爱丁堡艺术节的舞台，并由作曲家梅诺蒂本人指挥。

在那里，赛克勒在开幕词中说："我的理论认为，所有科技和所有文化都会有相互影响，正当我在探索这一理论的时候，我的同行们也在发展一种新理论，一种关于大脑机能的新科学。这篇论文的两位作者是 G.M. 埃德尔森和 V.B. 芒卡斯尔，我个人非常欣赏他们智慧的探索，我一直非常感佩同行们对科学所作的贡献。他们关于高级大脑机能的组选择概念，一定会被证实也是一种文化进化假说的神经物理学基础……我们有广泛的先例、经验和范例。希腊的博物馆是为收纳艺术女神缪斯的作品而建。作为神圣团体组建的柏拉图学院，广泛涉及各个领域，包括人文写作、哲学、社会调查甚至数学，但共处一地。亚里士多德学园中的论道也处于类似场景。在亚历山大城，一座研究院和一座著名的图书馆协同运行……战胜皮拉斯王之后，罗马胜利者建造了赫拉克勒的缪斯神殿，来展示他掠夺的珍宝——青铜器、大理石以及其他金银艺术品。"

"后来，在中世纪和文艺复兴时期，教堂成为西方的文化机构，而东方的文化机构则先有佛教庙宇，后为伊斯兰清真寺。在宏伟的庙宇和教堂这些整体的环境艺术品以外，还有精彩绝伦的教会与皇家艺术品，以及手稿收藏，这些都因人文学家、诗人、科学家、天文学家以及数学家的工作而更为丰富。其后出现了伟大的私人收藏家。"

英国各地的艺术界领军人物，每年都会参加爱丁堡艺术节。参加博物馆研讨会的就包括休·卡森爵士，他是伦敦皇家艺术学院（RAA）院长。他在艺术节上作了自我介绍，并邀请赛克勒夫妇去皇家艺术学院作一次私人参观。该学院是英国最著名的文化机构之一。它于1768年根据乔治三世宪章所建，由艺术家和建筑师成员独立运营。该学院以其独立性为傲，并且不接受国家资金。新成员由其成员投票决定，那时能成为皇家院士属于很大的荣耀，现在亦然。艺术家加入皇家艺术学院时，必须向上交一件或多件毕业作品供学院永久收藏。学院曾经收到过一些艺术精品，包括达·芬奇的草图《圣母与圣婴》和米开朗基罗的《塔代伊圆浮雕》。然而，二战后数年中，该学院的领导没能够跟上艺术界的发展，或者运营不够精心。他们最短视的决定是把那张达·芬奇的画作卖给了伦敦国家美术馆。皇家艺术学院的声望大幅下降，以至于当代伟大的雕塑家亨利·摩尔甚至拒绝加入该学院。

休·卡森是位出色的院长。他出身建筑师，为人开朗有魅力，并且愿意接受艺术在不断演进的观点。他为平庸的学院引进了颇具天赋的英国艺术家和建筑师。1977年，诺曼·罗森塔尔被任命为展览部主任，罗森塔尔颇具创造力和进取心，制定了一份出色的展览时间安排。赛克勒夫妇在爱丁堡艺术节后，取道伦敦看望卡森爵士。那时，卡森正在规划对成员提交作品陈列室进行现代化改造，添加温度和湿度控制系统，改变顶棚高度，更换仍装饰着维多利亚时代格子图案的地板。卡森公布，只要进行一定数额的捐助，就可以获得该美术馆的冠名权。尽管赛克勒夫妇曾到访过皇家艺术学院多次，但还从未参观过成员提交作品陈列室，于是请求参观此处。他们不得不穿过数道内门并通过一段昏暗的楼梯后，才到达该馆。赛克勒夫妇要求改善该馆的出入条件，否则无法为其提供帮助。

后来，赛克勒颇为吃惊地接到了诺曼·福斯特的电话，福斯特是一位正在崛起的年轻建筑师。他激动地告诉赛克勒，他找到了改善成员提交作品陈列室出入通道的方法。他已经研究了建筑图纸，发现在柏林顿馆和维多利亚大楼之间有一个十五英尺宽的缺口，他可以在两栋建筑之间修一栋新建筑，再加一座"悬浮"楼梯和一个玻璃电梯，其楼梯平台恰好可以衔接于美术馆外侧。赛克勒立刻想象出了该设计的情景，并建议拓宽接待处面积，这样维多利亚大楼的挑檐就可以用作新的雕塑展厅。福斯特很喜欢这一建议并草拟了规划。赛克勒提出可以将捐资额提高为原来的三倍。

然而，还有一个重要的障碍需要解决，该计划才能得到批准。需要拆掉的那座昏暗的楼梯是由诺曼·肖设计的，诺曼·肖可是一位维多利亚时期重要的建筑师，好几个建筑协会联手要求保护该楼梯。最终，皇家艺术学院成功了，对馆舍的这些改动使该院设施得到了极大提升。此外，在外面并不会看到新建的玻璃建筑物，因而古老建筑结构的统一性也得到了保护。这座赛克勒楼获得了英国皇家建筑师学会"1992年年度建筑奖"。

易逝的和平

赛克勒终生关心社会，并且对未来有着坚定的信仰。1978年他痛惜道："世界政坛现在处于混乱时期，所以，当面对我们的报纸和电视荧屏时，我不禁会想，人类为何总把自己陷在憎恨与暴力的污泥之中。当我们面对一个美丽的儿童，不管他是来自哪一种族、何种信仰或肤色的儿童；当我们面对少年，双眸明亮又充满梦想的少年；当我们看到创造性的天才，在绘画中，在诗篇里，在雕塑上，在科学里，在戏剧与哲学中——不管他们有何政治信条、皮肤颜色和宗教信仰——我们如何可以心安于街头和飞机里的兽行。最终管控这种暴力瘟疫的良方，就在我们最简单、最温暖且最美妙的存在方式之中——那就是爱。"

他对世界拥有理想，并且为之行动。他憧憬和平，国家之间不再兵戎相见，而是相互理解，诉诸对话。他憧憬有一天，诸多文化之间的不同会受到青睐，而艺术、科学和人文这些已经验证的、人类智慧表达的载体，会加速这一天的到来。他相信，文化交流可以搭建不同民族之间的桥梁，这些桥梁不仅可以跨越海洋和大陆，还会穿越古今时空带来和平。

赛克勒继续组织和赞助世界卫生组织世界卫生人员国际特别工作组会议。在马德里参加欧洲心脏病学大会时，他参观了普拉多博物馆。他说："没有其他地方，能像在西班牙一样，可以令人满怀激动地看到格列柯的作品，委拉斯凯兹的作品，奔放的里贝拉作品，乡土色彩的祖尔巴兰作品，以及戈雅的作品。有人把格列柯作品中的拉长和变形现象，'解释'为画家本人眼睛患有散光，还'解释'为他画作中圣人的模特患有精神分裂症。而人们感觉得到，这个世界中真正疯狂的不是精神错乱，不是精神病，不是充满渴望的人们的努力奋斗，而是诸多所谓正常人对上述情况所做出的反应，戈雅则对他们的所作所为进行了全面的讽刺。"赛克勒总会从伟大的画作中找到各种各样的艺术、历史、文化和社会联系。他说："戈雅——多么有勇气，又多么时尚啊！他著名的《着衣的马哈》和《裸体的马哈》，嘲讽了我们今天窥阴癖者的伪艺术。看不到柔情蜜意的《波尔多的卖牛奶姑娘》，你无法欣赏到那种勇敢而自由的笔法和色彩，而这要比莫奈早数十年。但是，如果没有体验过所谓'戈雅的黑色绘画'，就无法理解戈雅的创作天赋。《1808年5月3日》描绘了法国军队对马德里人的大屠杀，尽显对人性残暴的恐惧。人们会永远铭记戈雅1819年至1823年之间描绘的那些梦魇。在这些画作中，这位身为西方最伟大的艺术大师之一的画家，把自己的精神痛苦，融入了画中的色彩。令人悲哀的是，'戈雅的黑色绘画'所描绘的恐惧，如今仍然伴随着我们，它存在于一个又一个的大洲之上，存在于饥饿与疾病之中，存在于人类仍会对同类进行的屠杀之中。"

赛克勒仍旧憧憬在耶路撒冷建立一座全球教派统合博物馆。1978年，当大都会博物馆赛克勒楼启用的时候，以色列总理梅纳赫姆·贝京与埃及总统安瓦尔·萨达特签署了《戴维营协议》。每个人都希望持久的和平可能终于来到，所以赛克勒认为采取行动的时机已到。于是赛克勒飞往以色列，并和科勒克市长在以色列博物馆附近选择了一个地点。赛克勒请贝聿铭设计该博物馆，并说设计可以尽可能具有现代感。然后，赛克勒请他的朋友野口勇为博物馆的花园进行园林设计。

然而，在次年组织一次《圣经》研究会议的时候，赛克勒认识到了和平还有多么的遥远。该会议的目标是在各国之间建立教派统合的共识。日本崇仁亲王勤奋好学并颇有建树，其本人也是一位《圣经》研究学者。在赛克勒遇到崇仁之后，提议于1979年在日本召开一次国际研讨会。崇仁亲王同意给予支持。赛克勒在开幕词中说道："在《新约》精神感召下，我们来到了一起。《新约》教导我们说，'你想别人怎么对你，你就怎么对别人'。在神道教的感召下，我们来到了一起，它倡导尊重自然，尊重卓越的素质。在印度教教义的感召下，我们来到了一起，它认识到物质世界并非恒久，而其中的种种形变则构成了生命。在佛教的感召下，我们来到了一起，它教导我们可以通过天人合一得到救赎。在友谊和理解的精神感召下，我们来到了一起，这种精神不仅仅属于某种信仰中的某个人，也不仅仅属于某一种信仰。让我们关注把我们团结在一起的因素。让我们共享彼此的尊重，而这种尊重最稳固的根基，在于彼此的相互理解之中。"不幸的是，不是每一个人都能做到宽容：在听说该会议的赞助者为犹太人的时候，穆斯林学者退出了会议。当听说以色列

梅泽滨夫教授、崇仁亲王和王妃与赛克勒博士出席 1979 年 12 月 5—7 号在东京举办的国际《圣经》研究者大会

人将参会的时候,有三个阿拉伯国家威胁要切断对日本的原油供应,于是日本政府屈服了。尽管赛克勒和崇仁亲王共同主持了会议的开幕招待会,但崇仁辞去了会议主席一职。赛克勒为这些后续发展深感忧伤,并提出辞去会议赞助人一职。他的初衷本为促进民族间的理解,而结果却导致了国家间的怨恨。

1979年,赛克勒在《医学论坛报》上指出了吉米·卡特总统的软弱,作为领导人他没能解决石油危机。他敦促美国,把巨大的小麦收获中的一部分,转化为酒精,从而使国家实现能源自给。情况进一步恶化。总统宣布紧急状态,并冻结了伊朗所有的在美资产。赛克勒评论了当时麦克尼尔－莱勒尔报道中对伊朗外交部长的采访,认为这是无耻宣传。他认为它宣扬的观点不符合国家利益。赛克勒憎恶滥用媒体权利。在另一则电视报道中,伊朗官员愚弄了两位美国记者,这更加令赛克勒感到沮丧。这则电视报道根本就不该播出。赛克勒在《医学论坛报》上写道:"我必须坦承,我对自己曾认同的所谓'第四权利'[行政权、立法权、司法权之外的第四种政治权力,即公众舆论权利——译者注]越来越失望。当一位可怜的妇女刚刚因家中的火灾失去了一个孩子,而某个电视记者则把他那该诅咒的麦克风塞在她面前,每当我看到这些,我无法抗拒想要呕吐的感觉。我无法理解,也难以原谅这些记者和新闻制片人,他们如此缺乏同情心,居然会利用人们的痛苦来做文章。这些个人和机构,往往最先声称其享有《宪法第一修正案》中规定的权利。人们不禁要问,他们可曾考虑过隐私遭他们侵犯的人的权利。这种侵犯,我认为不仅违宪,而且在更具体的行为上,是对人类尊严的侵犯。"

而赛克勒则致力于在世界各地帮助建立友好关系。1979年11月1日,他在纽约天主教会与耶路撒冷市长科勒克共进午餐。赛克勒提到要为马耳他骑士团建设一处场所,切哈诺维茨基希望有这么一处场所,而科勒克也同意了。但他同时指出,以色列已经尽其所能接纳天主教,值六百万的地产仅以一百万卖给他们,而且还作出了其他让步,但是梵蒂冈仍未承认以色列。赛克勒继续向红衣主教卡萨罗利施加压力。1984年12月,他提议耶路撒冷应该成为"和平之岛",而对基督徒极为重要的伯利恒应该宣布为国际城市。到1993年,约翰保罗二世教皇终于承认了以色列。

然而,即将到来的和平被破坏了。1980年美国政府在考虑重新实行征兵制。(克拉克·克利福德告诉赛克勒此事别无选择。)1980年4月,发生了那次失败的解救人质事件。其后不久,恐怖分子占领了伦敦的伊朗大使馆。

但赛克勒不愿放弃。1978年,萨达特与梅纳赫姆·贝京共同分享了诺贝尔和平奖,其后,在赛克勒安排下,萨达特于1981年获得了乔治城大学的荣誉学位。在与埃及总统的一次私人会晤中,赛克勒提议由他组织,成立一个艺术、科学和人文委员会,并在埃及举办一届艺术与科学节。萨达特指定赛克勒为埃及艺术、科学和人文复兴国际委员会主席。艺术与科学节计划于次年举办,有建议在金字塔群中表演《阿伊达》,赛克勒与他的朋友普拉西多·多明戈就此事进行了接洽。赛克勒还与制药界诸多首席执行官们联系,请他们为一届免疫学会议和一届营养学会议提供支持。莱纳斯·鲍林已经同意参会。赛克勒还找到利波雷,希望史密森尼博物院也能加入其中。他还希望能允许以色列管弦乐团参加该活动。但1981年晚些时候,萨达特被伊斯兰极端主义者暗杀。赛克勒继续保持着与萨达特夫人的联系,但埃及艺术与科学节被放弃了。新上任的穆巴拉克政府,希望减少公开与西方进行的联系。

1981年10月16日,摩西·达扬因心脏病去世,享年66岁。赛克勒参加了他的葬礼,并提出购买他的考古收藏,捐给以色列博物馆。赛克勒说,他认为历史终会有一天认识到达扬的伟大。

赛克勒被劝说加入美国代表团,参加联合国教科文组织1981年在墨西哥城召开的会议。他出席了会议,但是回来后非常失望,他认为该会议是在浪费时间,是一个闹剧,因为联合国教科文组织并不是文化组织，实际上是个政治组织。几乎每个国家都在攻击美国。法国文化部长雅克·朗严厉指责"美国的文化帝国主义"，他指责美国作为一个超级大国，蛮横无理地要求其他国家的人民应该如何思考、如何生活。但显然这位反美的社会主义者主要是利用这一论坛来提升自己的影响力。赛克勒反驳说，与法国对非洲等其他地方的压迫相比，美国的文化主导并不为过。

赛克勒认为美国代表团过于软弱。代表团团长并不胜任其职位，他把更多时间花在担心晚会的座次安排问题上，而不是花在演讲或大会决议上。赛克勒彻夜起草了一份批评苏联的决议草案，但该草案并未被提交。大会也并未提及阿富汗、波兰、恐怖主义或其他重要问题。以色列是唯一注定要受到批评的国家。由于美国受到了诸多指责，赛克勒向大会主席申诉，该会议旨在讨论文化问题，而非政治。他警告说，如果这一情况持续下去，他将建议美国解除对联合国教科文组织的支持。大会主席同意了他的意见，但并不喜欢这种威胁的方式。然而美国代表团没有利用好这一机会，几乎没有一个美国提出的决议草案得到采用。

尽管此类联合国教科文组织会议很少受到媒体关注，但赛克勒不喜欢美国受到专制者的摆布。他认为这会使独裁者们认为美国软弱无力且正在失去稳定。墨西哥政府最近剥夺了他在墨西哥的亲属的财富。显然，反犹主义在全球呈上升态势。他抱怨道，各地年轻人总在进行反美示威，而却不去抗议第三世界中存在饥民。此后，为帮助世界实现和平，赛克勒的努力集中在了营养方面。

赛克勒与《中国医学论坛报》

赛克勒继续每年至少到访中国一次。他的主要目的是提供建议，以供改善人民的健康水平，在这过程中他见证了中国迅速的现代化飞跃。新的道路不断在铺设，廉价的汽车正在代替自行车和马车。在北京，许多美轮美奂的古建被夷为平地，取而代之以巨大而呆板的高楼大厦，而这些大厦并无任何建筑方面的优点。但中国人说这些损失无法避免。

随后，赛克勒博士受邀率团多次来中国访问。当时在卫生部外事局担任处长工作的吕斌受卫生部委派，负责了《中国医学论坛报》的筹建工作，后被任命为《中国医学论坛报》第一任经理。据吕斌回忆，在当时的中国，要创办一份报纸是极为困难的，通常要经过多道审批，尤其是要创办一份中外合作的报纸，更是有相当的难度。但赛克勒能够得到外交部张副部长以及美大司副司长冀朝铸的会见，他非常有说服力地辩证分析了中美两国的历史。同时，钱信忠也为此亲自出面、多方斡旋，终获成功。《中国医学论坛报》从酝酿到创刊历时三年，为感谢钱信忠为此作出的贡献，赛克勒博士特别邀请钱信忠为《中国医学论坛报》名誉顾问。

获准成立中国医学论坛报社后，卫生部派吕斌和中国医学科学院情报所戴顺志于1981年3月赴美实地考察学习。在纽约期间，赛克勒博士为他们举行了一个小型招待会，并安排他的律师、顾问和广告征集部负责人与吕斌和戴顺志进行商谈。在商谈会上，他们明确说明了三点：第一，无偿资助成立中国医学论坛报社和论坛报出版发行的一切费用；第二，报社成立后要独立自主自负盈亏；第三，报社经费来源为征集广告。国内广告由报社自行征集，而国外广告，他们可商请各国论坛报社协助。

1982年11月，《中国医学论坛报》成立协议的签字仪式在纽约举行。赛克勒及夫人姬莉安·赛克勒、卫生部副部长黄树则、赛克勒基金会执行董事柯蒂斯·卡特、卫生部外事局副局长程克如、美国赛克勒基金会法律顾问桑纳莱奇和吕斌出席了仪式。

与此同时，调配办报人员的工作也在紧张有序地进行。1981年，赛克勒博士在中国天津举办的一次国际营养会议上认识了胡启民，胡启民是一位颌面外科医生，接受过西方教育，可以讲一口地道的美式英语。有医学背景且英语流利的胡启民当时被聘请为会议翻译，给赛克勒博士留下了深刻的印象。在筹建《中国医学论坛报》时，赛克勒力邀胡启民担任总编辑。胡启民作为报社首任总编辑，是赋予《中国医学论坛报》灵魂的人，为《中国医学论坛报》一直坚持的办报方针和原则奠定了基调。另外，胡启民还向赛克勒推荐了年轻人张威，在后来的工作中张威被证明是一位出色的经营者和业务领导者。

1983年，《中国医学论坛报》编辑部成立。赛克勒为其未来成功经营描绘了蓝图，他也强调了诚信的会计制度很重要。当然，他许诺运营利润将会再投资到该企业，或用于在中国开展其他有意义的项目。柯蒂斯·卡特则代表赛克勒基金会对其进行监督。中国卫生部提供了全体医生的名单，而该报也进行了大范围的宣传性试刊。在报社成立之初，赛克勒无私地提供了全方位的支持，既有物质资助（包括办公楼和复印机、专业单反相机、电冰箱等在当时还很"时髦"的仪器设备），又对各部门人员进行了培训。报社开办早期有6名员工由赛克勒基金会资助到美国乔治城大学接受了英文、新闻采访与写作、报业经营等培训。

在大家的共同努力下，1983年7月10日，《中国医学论坛报》创刊号终于出版发行，共四开八版，半月出刊一次，发行60000余份。内容主要是介绍国外先进的医学理念和技术。报社的首任总编胡启民回忆，在报社成立之初，编辑部只有他和洪剑霞（时任报社副总编辑）两位编辑，从选稿、翻译、审稿、校对到付印，基本都由他们两人完成。当时中国国内稿件较少，报纸以编译国外文章为主，胡启民主要负责从美国和欧洲及日本的《医学论坛报》挑选文章、翻译、编辑。胡启民说："权衡该登什么、不该登什么才是最难的。"1983年11月16日，报纸出刊11期后，在当时特殊历史时期，因报道艾滋病及来自以色列的医学信息等问题被批为"精神污染"，卫生部为此专门成立专家委员会论证，与会专家证实这些

内容确为从医学专业角度进行的报道，而《中国医学论坛报》对传播中国国内外医学新闻动态起了很好的作用，值得继续办下去，报社如此才得以度过危机。

然而，此次事件还是波及报社的工作。卫生部正式决定《中国医学论坛报》由健康报领导监管。1984年2月，中国医学论坛报社由北纬饭店迁到健康报社院内。当赛克勒博士再次来到中国访问时，他亲自到中国医学论坛报社看望在两间小屋里工作的全体工作人员。他很兴奋，也很感慨地说真未想到"草窝里竟飞出一只金凤凰"。

由于健康报社院内地方狭小，房屋简陋，而中国医学论坛报社外事活动比较频繁，因此，从1984年5月起报社多次向卫生部申请办公用房。1985年11月，中美双方正式明确报社要建立永久社址，由赛克勒基金会出资，产权归报社所有。经反复与卫生部办公厅讨论协商达成协议，将后海北沿15号作为中国医学论坛报社办公用房。这座漂亮的小楼坐落在美丽的后海畔，离卫生部很近，而且离钱部长家也不远，赛克勒非常喜欢这一选址。1988年2月，报社迁入新址，并以此小楼纪念赛克勒博士对论坛报所作的贡献。

《中国医学论坛报》成长起来了，它的发行量迅速超越了很多已有的政府主办的医学刊物。在吕斌退休后，张威成为继任者。他被证明是一位出色的领导者。他不知疲倦地工作，使每一个问题均得以掌控，并且一直不断在尝试进行各种改进，所以报社成长很快。在张威的带领下，多年来，该报一直是中国最好的医学专业出版物。

首任总编辑胡启民也功不可没，他倡导的专家办报的宗旨在后来的工作中被证明取得了巨大成功。在他的建议下，报社于1984年聘请了顾复生、王宝恩、汤光和钱和年等专业水平、外语水平都比较高的专家，成立了专家咨询委员会。这些专家不仅在为报纸选稿、撰稿等方面做了很多具体工作，甚至在报社经历生死存亡的时刻，都发挥了决定性的作用。

张威回忆说："在1987年'反对资产阶级自由化'的特殊历史时期，由于《中国医学论坛报》的特殊'血统'（由美国的赛克勒基金会资助创立），曾一度面临停刊危险……"当时卫生部组织了吴蔚然、哈献文、王振纲、朱预、佘明鹏等一批德高望重的医学专家讨论、评估报纸是否有必要办下去。专家们经过热烈的讨论，一致认为报纸办得非常好，中国医生急需这样一份及时反映国际医学前沿研究进展的报纸。最后的"鉴定意见"是《中国医学论坛报》不但不能停刊，而且应获得更多支持和扶植，使其越办越好。"如果没有专家鼎力支持和仗义执言，或许报纸早就夭折了。"

也正是由于《中国医学论坛报》具有国际合作的特殊"血统"，在办刊的过程中，非常重视医生间的国际交流以及与国外学术机构的合作。1984年9月29日至10月4日，

1982年中国卫生部和赛克勒基金会在纽约签约成立《中国医学论坛报》

赛克勒博士来华参加中国 35 周年国庆庆典,期间他正式提出,为鼓励有突出成绩的中国临床医师,愿资助《中国医学论坛报》设立"中国医师年度奖"。经卫生部核准,决定从 1985 年起,《中国医学论坛报》正式设立"中国医师年度奖"。每年指定一个医学专业领域,选拔优秀的中青年医师,经过英语答辩,专家投票,最终 3—4 名医生胜出,获得两周赴美国知名医院交流访问的机会。首届"中国医学论坛报社医师年度奖"(后更名为"赛克勒中国医师年度奖")为心血管内科专业,评委由陈敏章、何长青、方圻、翁心植、汪丽蕙、沈瑾、王宝恩 7 人组成,经过初评、复评,最后进行英语答辩,吴宁、郑振声和蒋文平成为首届"中国医师年度奖"获得者。1985 年 2 月 14 日举行了授奖仪式,原卫生部部长钱信忠和陈敏章为获奖人颁发奖牌。"赛克勒中国医师年度奖"共举办了 23 届,昔日的获奖者现大多已是各自专业领域的精英和学科领军人物,其中不少还被评选为院士。现在,中国医师对国际交流已不再陌生,但在 1980 年代,中国刚刚向世界打开了封闭三十余年的国门,中国医师了解世界的渠道十分有限,"赛克勒中国医师年度奖"的建立无疑为中外医学交流架起了一座桥梁。

钱信忠从报社诞生至其 2009 年去世的二十多年里,一直亲自过问报社的工作,关心、支持报社前行的每一步。

在本世纪以前,《中国医学论坛报》的直接合作伙伴一直是美国《医学论坛报》,但该报于 1999 年关闭,于是,赛克勒基金会与美国最具影响力、历史最悠久、水平最高的《新英格兰医学杂志》联系合作。该杂志为保障在中国出版的质量,对报社进行了认真考察,他们通过《新英格兰医学杂志》编委找到一些中国院士对报社进行调查,从他们口中获得了肯定的答案。经过约 3 个月的谈判,双方确定合作关系。2001 年 2 月 15 日,《中国医学论坛报》与《新英格兰医学杂志》合作开辟了同期译文专版,《中国医学论坛报》还拥有《新英格兰医学杂志》中文版版权。

最初,《新英格兰医学杂志》编辑部只允许报社翻译论著摘要,而且定期找在美国哈佛医学院进修、学习的中国医师检查翻译质量,期间曾给报社发过三次传真,内容都是 "good job"(出色的工作)。2003 年,报社获得了该杂志所有文章翻译、出版的权限,且中文版《新英格兰医学杂志》文章是该杂志在海外的唯一"免检产品"。当年医学资源没有现在这么丰富,文献检索也不方便,很多医师正是通过《中国医学论坛报》获取该杂志的最新信息。

在赛克勒热心公益事业的影响下,《中国医学论坛报》义无反顾地承担起了媒体的社会责任。2003 年,严重急性呼吸综合征(SARS,俗称"非典型肺炎")在中国暴发。面对来势汹汹的疫情,医务工作者毫无经验,仓促上阵,报社接到很多医生的咨询电话。在张

1986 年,宋允孚、胡启民、赵同斌、赛克勒、麦克尔·桑那莱奇、吕斌、寇蒂斯·卡特、洪剑霞、姜再增在《中国医学论坛报》编辑部

中国医学论坛报
CHINA MEDICAL TRIBUNE

创刊　编辑：《中国医学论坛报》编辑部　1983年7月10日

简目	
流行性出血热病毒形态	——第二版
矽肺研究概况	——第二版
针麻在国外	——第三版
发现特大X染色体	——第四版
肿瘤基因	——第五版
干扰素	——第六版
炎痛喜康	——第六版
食品卫生	——第七版

中国应该为实现"2000年人人享有卫生保健"的战略目标做出更大的贡献

卫生部崔月犁部长
在第三十六届世界卫生大会上的发言（摘要）

中国现在已经进入全面开创社会主义现代化建设新局面的时期。卫生事业是社会主义现代化建设的重要组成部分，必须加强卫生事业的建设，使之能适应国家建设和人民群众日益增长的需要。

卫生工作开创新局面，首先是加强现有卫生机构的建设。近年来，我们调整了各级卫生机构的领导班子，采取各种形式，对在职管理人员和技术人员进行培训，逐步建立各种形式的责任制，以提高预防和医疗工作的效率。

我国政府一直把加强城乡基层卫生工作作为卫生工作的重点。在农村，我们对三级医疗卫生网进行改革和建设，第一批300个县的工作已取得较好成效。第二批400个县，已从今年开始，到1985年完成。我们对55,500个公社卫生院和60万个大队卫生所正在进行改革和整顿。135万赤脚医生经过培训，已有34万人获得了"乡村医生"证书，并计划逐步把全部赤脚医生培训提高到相当于中专水平。在城市，一方面改善预防和医疗工作的条件，普遍开展出诊和建立家庭病床；另一方面加强街道医院建设和健全城市基层预防医疗网，为城市二亿人民的卫生保健服务。

在预防工作方面，坚持开展群众性的爱国卫生运动，把它同"五讲四美"活动结合起来，这同"国际饮水供应和环境卫生十年"活动是一致的。一九八二年十一月我国人大常委会通过了《食品卫生法》，从今年七月一日起开始执行。这对预防食源性疾病将起重要作用。最近，我国成立了国家预防医学中心，以便加强对疾病的监测和预防。

我们正在采取措施发展高等和中等医学教育，扩大招生名额，提高教学质量，加快人才的培养。

我国传统医学有几千年历史，具有丰富的理论和实践经验。我国政府坚持在发展现代医学的同时，大力发展传统医学，发展中西医结合。现有县以上中医医院878所。各级综合医院都设有中医科，中医专业人员已达到30万人，中医药研究机构45所，中医学院22所。民族医和草药医，也得到重视和发展。我们的政策是，把一切有预防和医疗技术的卫生人员充分动员起来，为十亿人民的健康服务。如果把我国十亿人的卫生保健工作做好，对实现世界卫生组织提出的"2000年人人享有卫生保健"的战略目标将是个重大的贡献。

中外医学交流的园地——中国医学论坛报
钱信忠

我热烈地祝贺中国医学论坛报的创刊。

应中国医学论坛报国际发行人亚瑟·姆·赛克勒博士的约请，我荣幸地担任了这个报纸的名誉顾问。为此，我想借该报创刊之际向广大读者扼要谈谈这个报纸的使命。

中国医学论坛报是经我国政府批准，由中国医疗卫生服务公司与美国赛克勒基金会合作发行的一份医学专业性报纸。创办该报的目的是为了加强中外医学信息的交流，及时地报道国内外医学领域各个学科以及边缘学科的动态和成果的应用，从而不断开阔医务人员的知识视野。

亚瑟·姆·赛克勒博士是美国著名的社会活动家，北京～纽约友好城市美方主席。他早年即荣获医学博士学位，长期从事儿科和精神病科工作，创办过研究所和医学杂志的主编和医学出版公司的主席等。1971年他担任《医学论坛》国际发行人后，陆续在美、英、法、日、西德、瑞士、奥地利和意大利等国以及香港建立了医学论坛报社，编辑出版5种文字的医学论坛报和数十种医学期刊，发行量达七十多万份。我是在1980年访美时与赛克勒博士结识的。在我们的友好交往中，我感到赛克勒博士对发展中美民间友好往来是很热心的。他曾多次访华，1980年访华时，他将自己珍藏多年的清代乾隆紫檀宝座和一些文化保护箱赠送给故宫博物院。1981年由赛克勒博士赞助和主持，在我国召开了国际营养学学术会议，在他的资助下，我国已有16名医师和翻译人员赴美进修学习。这都表达了他对中国人民的友好情意。

科学是人类共同的财富。医学科学是促进人类健康的保证。我和赛克勒博士都是以毕生精力从事医学科学事业的，我们共同感到，加强医学信息的交流，对加速医学创新和发展具有重要作用。近些年来，我国与国际医学界的交往有了很大的进展，但由于受到语言方面的限制，还远远不够及时和广泛，不能适应形势发展的需要。中国医学论坛报为促进中外医学科学的交流开辟了一个新的园地。我希望在实践中不断提高办报的质量，使之博得广大读者的欢迎。同时我也希望广大医学界和读者都来关心和支持中国医学论坛报，使之茁壮成长。

祝词
亚瑟·姆·赛克勒

中国医学论坛报创刊了，值此吉日之际，我祝愿她将成为美中医务工作者联系的纽带。同时也使我想到伟大的贤哲诺尔曼·白求恩光辉的一生，他远涉重洋来到中国，与缔造中华人民共和国的先驱者们并肩战斗，为新中国的诞生献出了他的智慧、勇敢和生命。

白求恩是最早来到中国的外国医师和科学家之一，他们怀着帮助中国建成一个继承中华民族优秀传统的共和国的美好愿望。白求恩以其精湛的医术和科学家的智慧为中国人民服务，也是为他自己坚信的事业——解除人民疾苦，维护人民健康，建立一个摆脱恐惧和贫困的社会而献身的。

伟大的中国人民的领导者们和关心社会进步的思想家们，对"人人生而平等"这一美国革命原则，也像美国的托马斯·杰佛逊和亚伯拉罕·林肯总统那样，都十分赞赏；而白求恩正好把这些伟大人物的精神和美德带给我们的时代。

美国赛克勒基金会与中国医疗卫生服务公司合作创办《中国医学论坛报》的签字仪式

《中国医学论坛报》创刊号头版

《中国医学论坛报》三十周年社庆特刊头版

1985年《中国医学论坛报》旧址

坐落在北京后海边的《中国医学论坛报》办公楼

威社长的提议下,报社编辑加班加点,尽最大努力搜集国内外相关资料,连续出版了4期《SARS研究进展》专辑。在总编和社长的带领下,报社工作人员带着这些资料送到"非典"接诊医院里。有些医务人员无法拿到《SARS研究进展》,报社紧急购置了4台传真机,连夜给全国有需求的医师传真这套资料。专辑的出版得到许多医务人员的好评,许多权威的专家也纷纷打电话索要专辑,以指导SARS诊治工作。当时24小时不停的4台传真机中有2台因超负荷运转而损毁,这也成为报社这段特殊历史的珍贵纪念。事后有医生回忆,几乎是在对"非典"一无所知的情况下被派往"前线",在去程的车上"恶补"《SARS研究进展》,才大致"进入角色"。而当时《新英格兰医学杂志》也史无前例地将其仅在线发表、来自加拿大和中国香港关于"非典"的论文提供给报社先行刊登,理由是"中国更迫切需要这些信息",从而使《中国医学论坛报》印刷发表了全球第一篇"非典"学术论文。

自2006年开始,《中国医学论坛报》持续资助云南省艾滋病致孤儿童,在生活、就学、医疗保健、心理支持方面给予救助。至今,该项目已累计实施7期,共计拨付款项100余万元,救助艾滋病致孤儿童364人次。孩子们在项目的帮助下健康成长,已有3人考上大学。

在报社全体工作人员的努力下,赛克勒在创刊伊始为《中国医学论坛报》描绘的蓝图已基本实现。《中国医学论坛报》从一个四开八版的半月刊,发展成为每周48版,每期62万医生读者,专业影响力在中国首屈一指的医学专业报纸。目前,《中国医学论坛报》正朝着拥有报纸、网站、移动终端等多媒体平台的中国最具影响力的医学专业全媒体迈进。

赛克勒知道,在中国建立一个教学博物馆,将会使整个国家受益。中国官员们建议,坐落于燕园的北京大学是中国第一座教学博物馆最理想的选址。北大考古系全国最佳,而且已经拥有许多出土文物,但都被凌乱地保存于尘封的仓库中。就此与北大书记的会谈于1984年进行,该馆的馆址被选在校园西门附近。1986年9月8日,北京大学校长丁石孙博士和赛克勒博士签署了《意向书》,之后为亚瑟·M.赛克勒艺术与考古博物馆以及姬莉安·赛克勒雕塑园举行了正式的破土动工仪式。赛克勒对北大校长说,他已与中国有了五十年的交往,而他的妻子还会再继续五十年。

那时还很少有中国和西方合作的经验。很多公司试图进入这个人口巨大的国家,但大多数谈判均告失败,这主要因为西方人不了解如何与中国打交道,而中国对外国干涉则怀有戒心。1985年10月,北京大学提出了博物馆建设的初步方案。赛克勒坚持须有西方建

卫生部长崔月犁、胡启民博士和赛克勒博士

北京大学亚瑟·M. 赛克勒艺术与考古博物馆

筑师介入其中,并就此询问了他的朋友贝聿铭。而贝聿铭最近刚刚完成北京近郊的香山饭店工程,且经历不甚愉快。这里建筑标准较低,而且建筑物得不到维护。不过贝聿铭推荐了一位年轻弟子陈璋源,他在纽约市和香港拥有自己的事务所。

经过与校方工作人员紧密合作,而且征询了赛克勒的建议,陈璋源受到校园中已有建筑的启发,设计出了明朝风格的馆舍。这是一个复杂的工程项目,需要来自美国、中国、香港和欧洲的专业团队的共同合作。馆舍正面三层,而其他三面均为一层,周围被庭院环抱,庭院中心有一块传统的太湖石。馆舍南楼二至三层分别为系办公室、研究储藏室、文物保护实验室、摄影绘图室、会议室、计算机室和物品存储区。大厅内设有访客信息室和一个小商店。

该博物馆此时拥有馆藏超过1万件,横跨28万年历史,藏品从旧石器时代古人类石器遗存,直到现代服饰、瓷器和绘画。赛克勒坚持在馆舍中辟出展区,用于临时性东、西方文化展览。他还决定博物馆应该向公众开放,并最终取得了北大的认可。

在姬莉安·赛克勒的支持下,北大赛克勒博物馆于1993年建成开馆。这是当时中国唯一一座拥有如此现代化设备的博物馆,它设有温度、湿度调节装置,空调,捷克斯洛伐克产灯具和德国产的展柜。博物馆明朝风格的馆舍及其美丽的花园,与附近其他建筑非常协调。该馆的展览,为此后中国建造的所有新博物馆,树立了一个高标准。该赛克勒博物馆是中国第一座教学博物馆,其中的培训项目,造就了中国大多数的博物馆馆长。

赛克勒夫人和张威先生出席北京大学赛克勒艺术与考古博物馆十周年典礼

融快乐于经营

赛克勒曾经声明："我在金融方面保守，但在社会之中开明。"1951年，赛克勒用麦克亚当斯公司的收益，购入了普度弗雷德里克制药公司。他使两个弟弟成为公司的共同所有人。他说："像三个火枪手一样，我为人人，人人为我。"如此安排，可以让他们在经济上独立起来。那时，他遍访欧洲寻找新产品。返美后，为了避免利益冲突，他会先把相关报告递交给他的其他客户（包括辉瑞和普强），然后再与普度弗雷德里克公司进行讨论。通过赛克勒的这次欧洲之行，普度弗雷德里克公司得到了两个其最成功的产品：来自道斯制药实验室的福尔可定和来自威斯敏斯特制药实验室的散肚秘锭。聚维酮碘是该公司的另一个成功产品。在赛克勒的建议下，包豪斯派建筑师马歇·布劳耶为该公司在瑞士设计了新工厂。

1953年，赛克勒开创了第一家医药市场研究集团——医学测量公司。他设想从医院收集相关统计数据，然后销售给制药企业。1954年，他合并了艾美仕公司，这是一家跟踪医疗处方的公司。当这家公司1972年上市时，它在证交所的估值超过5千万美元。

1950年代，赛克勒成为数家主要制药企业的顾问，包括辉瑞、施贵宝和葛兰素，他长时间保持了与瑞士汽巴的关系。1980年至1987年，赛克勒还担任了纽约康复中心药物委员会委员。他把诸如异卡波肼等许多成功的药物引入美国市场。瑞士巴塞尔的豪夫迈·罗氏公司，聘请赛克勒为其提供建议，从而使其药品更好地销往美国，该公司的利润取得了成几何级数的增长。当赛克勒加入的时候，该公司在美国的营业额尚为1600万美元，而从此之后即成长到了数十亿美元。1980年代早期，当乔·鲁韦恩成为葛兰素公司首席执行官后，赛克勒与豪夫迈·罗氏公司达成协议，于1983年引入葛兰素公司的抗溃疡药雷尼替丁。由于赛克勒对雷尼替丁的策略，该药成为当时引入美国市场最为成功的药物。

一位罗氏制药公司的研究人员制造出了镇静剂利眠宁，当赛克勒仔细研究了原始研究之后，他认为可以把它发展成为安眠药。在越来越复杂的现代社会，失眠正在成为日益严重的问题。失眠会导致抑郁、抗感染能力下降以及长期的疲倦感。此前的安眠药都有令人不适的副作用。相比那个年代其他所有安眠药，利眠宁这种新安眠药更不易导致困倦，也不易成瘾。1960年，利眠宁获得了美国食品和药物管理局批准，此后它被证实为药物学领域重要的里程碑，因为它比以前的药物治疗更为精准。这些苯二氮卓类药物或镇静类药物占领了市场。赛克勒帮助公司不断改进产品，三年后推出了安定，这是一种最为成功的抗失眠药物。该药于1960年获得批准，1963年开始上市，它成为了这一焦虑时代的代名词，它也是1960年代和1970年代最畅销的药物，目前仍被用作镇静剂。只要使用得当，不饮酒也不与其他药物同时服用，安定不会导致药物过量。

赛克勒研究了股票市场，但只有当他对某家公司的管理有所了解的时候，才会对其进行投资。某个时期，赛克勒看中了苏富比公司，他认为其股价被严重低估。于是他买入大量该公司的股票，并考虑组织一个辛迪加接管该公司。但是，来自密歇根州的地产开发商阿尔弗雷德·陶布曼，于1983年得到了这家著名的拍卖行。赛克勒的另一笔重大投资投入了佩恩-迪克斯钢铁公司。为了确保国家的国防，赛克勒认为美国需要保持健康的钢铁业，不能依靠进口，他期望国家千万不要放弃重工业。不幸的是，尽管他把自己人安排进了董事会，但这笔投资效果不好。

尽管赛克勒常常缺乏现金，但他认为，1980年代股票牛市中的机会不容错过。他明智地投资于新英格兰核能公司，这是一家经营放射性同位素的企业，他的这笔投资得到了1.4倍的回报。当他成为道富银行最大股东的时候，他进入了公司董事会，每个月他都会参加公司会议。他发现道富银行经营有方，将来可能有很大发展。期间，他也听闻银行业的监管规则可能不久后会放松。这些规则中的大部分是经济大萧条时期成为法律的，目的是防止那种悲惨的经济危机再次发生。赛克勒本人经历了大萧条，因此他不理解为何现在有人会认为那些规则的保护已经过时。然而，他相信专家们一定对此了然于胸，所以也就随大流了。经过几次股票分拆，他持有的道富银行股票飞速升值。

赛克勒一直把传播最新科学发现知识作为要务之一。他和哥伦比亚广播公司科学类节目编辑厄尔·尤拜尔合作，创建了一个医学电视频道。与赛克勒一样，尤拜尔也出生于布鲁克林。他是 X 射线晶体学专家，X 射线晶体学是一种观察分子和原子结构的技术。尤拜尔曾在加州理工学院莱纳斯·鲍林的实验室学习。赛克勒还为医生出版了一种挂在墙上镜框内的招贴，内容为对于外行人有用的医学知识，可以每周放置在候诊室内。他还特别引入了另外一套招贴，放置在兽医候诊室内。

1986 年，赛克勒已经成为《科学美国人》杂志最大股东。该杂志创刊于 1945 年，是全美历史最长、最著名的科普期刊，该杂志有九种不同语言的版本。这份杂志的广告正在流失，董事会主席兼大股东杰拉德·皮尔急需投资者的支持以确保刊物的运行。1984 年，当皮尔的一个合伙人退休的时候，赛克勒购入了他的股票，从而加入了该杂志的董事会。赛克勒希望改进该杂志的运营管理，但皮尔和他的儿子乔纳森抵触改革。一段僵持之后，德国的霍兹布林克集团于 1986 年买下了《科学美国人》。

当赛克勒任数个制药业巨头顾问的时候，他劝说这些企业的首席执行官捐助文化和教育事业。在这些混乱的年代，只要有可能，赛克勒始终会去剧院看现场表演。他紧跟纽约、伦敦和其他欧洲城市的最新潮流和创新。当《菲尼安的彩虹》进军百老汇的时候，其制作人找到了作为天使投资人的赛克勒。该剧是叶·哈尔堡和波顿·蓝恩创作的伟大音乐剧，是一场颇为怪诞、角色诡异的表演。剧中人物有变身为黑人的种族主义参议员、完全用舞蹈与人交流的哑巴以及一个失恋的小妖精。但该剧所传递的宽容精神打动了赛克勒，他同意予以投资支持。该剧中的精彩插曲包括现在演出必备的一些标准曲目，比如《看那彩虹》《格洛卡·莫拉的情况如何》以及《邪恶的月亮》。赛克勒还被劝支持了另外两部表演剧：其一为《月黑之时》，这是另一部宣扬宽容精神的幻想歌舞剧；其二为亚瑟·劳伦茨的《勇士的家乡》。《勇士的家乡》是劳伦茨在百老汇的首秀，故事讲述了一位年轻的犹太士兵，由于目睹了最好的朋友牺牲在太平洋战场，而遭受了心理创伤。它是最早涉及军队中的种族主义和反犹主义的美国戏剧之一。尽管《菲尼安的彩虹》大获成功，而另外两部剧也比较成功，但赛克勒再也没有进行其他的戏剧投资。赛克勒不喜欢演艺界存在的"伪造账目"，并终止了对百老汇演出的支持。虽然赛克勒出资帮助翻新了康涅狄格州斯坦福大剧院，但直到 1980 年，他才同意赞助另一场表演剧，那是在他的朋友约瑟夫·帕普带他看了一场伊丽莎白·斯瓦多的试验剧《逾越节大合唱》的彩排之后。

除了观看戏剧演出，赛克勒还喜欢音乐会和歌剧。他通常会在演出当天买票，因为他喜欢"随性而为"。他认为现场演出激动人心并能激发想象力，音乐也可以抚慰人的心灵，让人忘却当日的烦恼。赛克勒最喜欢的或许是舞蹈，尤其是芭蕾。他永远不会忘记乌兰诺娃起伏的手臂，也非常钦佩鲁道夫·纽瑞耶夫和米凯亚·巴瑞辛尼科夫的舞技。赛克勒和姬莉安与很多重要音乐家享有友谊，比如艾萨克·斯特恩、亚诺什·斯塔克、洛林·马泽尔、祖宾·梅塔和伊萨克·帕尔曼。他们还结识了明星歌剧演员，比如普拉西多·多明戈、鲁契亚诺·帕瓦罗蒂、谢里尔·米伦兹、保罗·普利什卡、罗贝塔·彼得丝、罗伯特·梅瑞尔和贝弗利·希尔斯（她在赛克勒之后，也曾就读于伊拉斯姆斯中学）。他认为多明戈的嗓音如金，帕瓦罗蒂的声音似银，并提议他们在梵蒂冈的圣诞弥撒中演唱。不过他最喜欢的歌声却是玛丽莲·霍恩，她醇厚的女中音恰好匹配其温和的性格。赛克勒说："我不得不说，像玛丽莲·霍恩、谢里尔·米伦兹和琼·萨瑟兰这些伟大艺术家的音乐所带来的快乐，不仅会由于他们艺术家之修为，还会因为他们个人的魅力而得到增强。"赛克勒钦佩这些艺术家，他知道，仅有天赋是不够的，需要勤奋加以必要的智慧和毅力——赛克勒本人就具备所有这些特质。

赛克勒评论道："热情就是歌剧迷对歌剧迷恋的感觉。我在米兰、慕尼黑、巴黎、伦敦、圣胡安、旧金山和纽约等地剧院门外的街道上看到过这种热情。这种热情会感染到各个阶层，从默默无闻的芸芸众生，到本身就是明星人物的丹尼·凯、托尼·兰德尔。"爱丽丝·坎德尔就是这些歌剧迷之一，赛克勒经常在大都会歌剧院遇到她，姬莉安在该剧院担任董事。

爱丽丝是一位很有眼光的西藏艺术品收藏家，她慷慨地把精美的西藏圣物贡献给了亚瑟·M.赛克勒美术馆。

赛克勒的行程安排往往令人晕眩。1980年他曾在一次赶赴欧洲的旅程中说："旅程安排既引人入胜又丰富多彩——从伦敦、巴黎和巴塞尔《医学论坛报》编辑部的参谋工作，到米兰的斯卡拉歌剧院，再到佛罗伦萨塔蒂别墅的文艺复兴研究中心等地，其后再到罗马和梵蒂冈。"在米兰的一晚，在观看由卡洛斯·克莱伯指挥，多明戈饰奥赛罗，米瑞拉·弗蕾妮饰苔丝狄蒙娜的演出之后，他深思音乐和医学的联系。他想到："过去，萨满人以及人类最早期社会的巫医会使用音乐和声音治病，数千年后，荷马、维吉尔等长发音乐家以及萨克森、凯尔特和日耳曼吟游诗人步其后尘。"他还想到卡斯帕·巴塞林那斯医生发表过一篇有关希腊双笛的论述，而维也纳剧作家李奥波得·奥恩布鲁格也是胸部叩诊在欧洲的发明和倡导者。还有耶稣会牧师阿塔纳斯·珂雪，他是"医生、成就卓著的数学家、物理学家、显微镜学家和东方学家。据说他是首位运用显微镜进行'跳舞病'病因研究的医生"。珂雪写了一部很有意义的关于中国的书，书中绘有插图。还写了一本一万两千页的巨著，记载了当时全部的音乐知识，包括耳、喉的生理机能，以及色彩学和和声学。洋地黄的发现者，伯明翰医生威廉·威瑟灵会演奏长笛和羽管键琴，而以水痘疫苗著称的爱德华·詹纳喜爱小提琴和长笛。

年长后的赛克勒喜欢沉思。1986年，哈佛大学赞助了一个六十人团，参观佛罗伦萨、罗马和米兰的著名艺术品，赛克勒是团中一员。他利用这一机会，参观了一路上能见到的所有米开朗基罗雕塑。意大利最著名的艺术品是位于佛罗伦萨美术学院的《大卫》，但他认为其"冷酷"，他更欣赏后来那些未完工的雕塑。他解释说："那些所谓'未完成'的雕塑，我一直认为已经'完成'，它们比'精雕细琢'的作品更被米开朗基罗所接受。在我看来，它们代表了他的许多雕塑作品的可以接受的终点，尤其是中后期的作品。我觉得他们最具有'现代感'。"这使他思索"成熟带给我们最伟大天才之一的精神影响，人们或许认为，这同样反映了几乎所有普通年轻人与年长者之间的心理差异"。他将圣彼得大教堂1498年至1499年米开朗基罗早期的《圣殇像》，其最著名的作品之一，与其就同一主题所做的最后两座雕塑进行了对比。他把前者描述为"精雕细琢、优美但冷漠"，而认为后者表明"一个终极宣言，即无论所学多少，总需进一步学习。无论所成多寡，总应进一步努力"。这三件作品可以对比出"年轻人的勇敢、自信和确定"与"随时间与经验而来的疑问，人们会明白或许前途并没有那么确定，而渴望的增长会超越能力的增长，从而使人无法实现成就完美的终极梦想"。最终，"年轻时觉得似乎能够实现的完美这一目标，将永远无法实现，这一状态使人区别于其他所有生物。智人的天赋就是永远追求一种新的状态，一种新的完美。"

1987年5月，在参加一次道富银行董事会会议的时候，赛克勒突发心脏病，但他并未严肃对待此事。他应该直接去麻省总医院，但他没有去，而是拿起行李坐班车回到了纽约市。当他到达哥伦比亚长老会医学中心时，已经为时已晚。他心脏病再次发作，并于1987年5月26日逝世。塔夫茨大学的让·梅耶沉痛地说："我们失去了一位好朋友，包括我和我的大学还有无数世界各地的其他个人和机构。他曾数次把自己的生命定义为三次伟大的探险：分别在艺术领域、科学领域和人文领域。我会再添加一项，那就是在爱的领域，他爱他人并需要和他们分享自己对智慧与艺术的热情。"

1987年本应是赛克勒的奇迹之年。赛克勒美术馆将于9月在国家广场开馆，而为庆祝此事，他也正在筹备其藏品在世界各地的十次展览。其中的数场展览被取消了，包括在英国剑桥费兹威廉博物馆的欧洲青铜器世界首展。费兹威廉博物馆馆长、迈克尔·杰菲教授评价他说："人们仍将感受到他在收藏领域热情的步伐和广阔的范围，正如人们仍将感受到他为人的和蔼和伟大。他是一位具有使命感的慈善家，而不仅仅是有钱的捐款人。

他挑选了每一件雕塑展品……他本身是位博学的绅士,但却从不自大,他会寻求并接受别人的指引……在相继令他感兴趣的每个领域,他都是一位有学识的赞助者,而不仅仅是编目者的聘用人;他的热情可以感染他人,他总在探索,总在质疑。他或许会在想念我们,而我们则肯定想念他。"

他的工作并没有因其辞世而终止。赛克勒开创了一代世家,在其去世以后,他的遗孀及子女,他的弟弟和家人,都在继续向众多美国、欧洲和中国的机构进行慷慨捐助。今天,赛克勒的名字受到全世界的尊敬。他的父亲艾萨克,母亲索菲应该会为他而骄傲。

赛克勒被作为慈善家而铭记,但他拒绝慈善家这一称号。他认为该称号带有精英主义的味道,意味着无所事事的富人把慈善赏赐给地位较低的普通人。出身卑微的赛克勒,感受着对劳动大众的亲情。他做的每一件事都旨在增进人类的福祉,无论传播医学和艺术知识,还是通过试验和教育改进全球健康,抑或积极支持人道主义事业。他坚持认为:"捐助的意义不在于金钱,而在于增进学识、保护人类遗产、促进公益,并帮助在不同民族、不同国家之间增进理解和相互尊重,其价值体现于在这些方面作为的程度。在这些方面,那些有资格的人可以形成和表达自己的观点,而历史则终将给予最终裁决。"

他阐述过科学方法与社会目标之间的关系。1983年他曾写道:"伟大的艺术和文化是基本的社会现象,它们装点了伟大的文明,并使历史的地平线具有特色。"他坚信科学与社会的关系重要、具有建设性并且相互作用,他的生活与此一致。他坚信科学、人文和艺术是不同民族、不同国家之间最好的桥梁,是各种信仰和文化之间达成更多理解的最大希望,他践行了这一信条。他认为,领袖人物通过支持艺术、科学和人文,而不是战争和政治的胜利,从而对人类精神作出贡献,他们的赞誉会来得迟一些。

正如《晚报》于1983年5月18日对赛克勒的描述:"精神病医生、人类学家、考古学家、艺术品收藏家、出版人、哲学家、政府参事、营养学家、医学信息宣传人、国际慈善家。他实实在在地努力用自己的生活和工作,实现文艺复兴时期的目标。他已经成功地把数个不同领域的知识融汇到一起,显然,在古老的信条中,知识是一张无缝的网。一切事物均相互联系,没有任何一种事物可以在孤立中被完全理解。"

1973年,赛克勒沉思道:"何为伟大?是那种可以明辨常人无法发现的自然界中秘密的眼光吗?是那种激情投入探索、界定和记录证据,来支持一个重要的自然或美学领域的新发现吗?莫不是二者同时出现在那些难以界定的天才身上,从而在未来的几个世纪中改变几代人的观念和生活?"如果对上述问题的回答都是"是",那么亚瑟·M. 赛克勒博士就是一位伟人。

怀念致辞

(节选自 1987 年怀念致辞)

二十年前,我遇到了我最亲爱的亚瑟,时间过得太快了。我无法明白他已永远离去。他那种生命的力量,那么有活力,那么全方位地充满激情,那么高度有的原则性,那么有创新精神和创造力,那么乐观、积极、动力十足,那么快乐、勇敢、富有同情心,那么愿意帮助他人。他好像是不会陨落的……

在亚瑟的成就之外,他还有一种特质我觉得最为珍稀。他是一个真正的好人,一个优雅、崇高且绝对正直的好人。他从没有小气、鄙俗、邪恶的想法。他从不嫉妒他人的成就。他富有竞争力和能力,所以没有任何不安全感。伴随他卓越才华的,是其天真无邪和信任他人的品质。他总希望自己友善的情感可以得到同样的回报,否则他会很伤心。他和善得超乎寻常,作为成就卓著者,这尤为可贵。他就是要让他人收获最佳,他所遇到的所有人,几乎无不因其而在生活中受益……

亚瑟以身为犹太人而骄傲,但他与天主教徒、共产主义者、佛教徒和无神论者一道工作,帮助全球教派统合,努力构建不同人民之间沟通的桥梁。他的离去是我和他亲近的人的可怕损失,也是全人类的损失。亚瑟是一股善的力量,他的所思所做无不旨在改进我们的世界。我认为他取得了成功。

赛克勒遗孀:姬莉安·赛克勒

从我开始学习中国艺术史那一刻起,亚瑟·赛克勒就成为了我事业中的重要人物。他总是慷慨地将自己的藏品出借给各个展览,而我也像其他众多的渴求知识的学生一样,是第一次在全美各地的博物馆中,有机会学习和欣赏他的中国青铜器、玉器和绘画。因为质量杰出,关于中国艺术的所有严肃出版物总会关注赛克勒收藏的样品。因此,在过去的三十年中,赛克勒的名字和他所拥有的中国收藏,在我的研究之中发挥了关键作用。

[1980 年代初] 他带着旋风一样旺盛的精力,进入了我的生活,正如像他同样进入了许多其他人的生活一样,我的生活从此发生了巨大的变化。我自己对这位非凡人物的记忆丰富而生动,他是一位不知疲倦的收藏家,他如此关爱生命、关爱人民、关爱艺术,我们所有与他相识以及共事过的人,都会因为与他的联系而得到提高。

亚瑟·M. 赛克勒美术馆开馆后,我们将可以告诉华盛顿特区国家广场的游客,如果你们想更多地了解这位具有美国特色的艺术捐助者,那么请往四周看吧。

亚瑟·M. 赛克勒美术馆首任馆长、弗利尔美术馆馆长:托马斯·劳顿

我们带着坚定的信念,只能期望[赛克勒]美术馆将会清楚地证明,赛克勒作为品味杰出的收藏家所具有的品质;他将因其在华盛顿、在整个美国东岸以及在远至中东和中国的捐助,被人们怀念和敬仰。

华盛顿特区史密森尼博物院荣誉行政总裁:狄龙·利波雷

亚瑟以不寻常的方式,进入了我和国家美术馆的生活。在一个名为《行动中的非洲艺术》的节目中,一位曾帮助过我们保护非洲艺术品的先生,吉米·西尔弗曼……说他之前一直在为一位非洲艺术品收藏家工作。非洲艺术?我知道赛克勒与大都会博物馆的东方艺术领域有关。但吉米说,不只如此,他还收藏前哥伦布时期的艺术品呢。所有这些听上去都不属于国家美术馆的收藏范围,国家美术馆的收藏颇具针对性,但此人似乎很有趣,值得一见。他来午餐了……席间的话题具有纯粹的赛克勒特点。话题遍及世界各地,纵横上下千年,我感到他是我见过的最难以忘怀的人之一。席间,我虽未能为国家美术馆找到获益的机会,但我发现,从个人角度来看,他是一个值得深入了解的人。我告诉他,在华盛顿我们有一个人,他对不同世界之间的沟通、对艺术与科学的联系非常感兴趣,这人恰恰就是史密森尼博物院行政总裁狄龙·利波雷。所以决定由我安排亚瑟和狄龙会面,其后的发展众所周知了。赛克勒最令我着迷之处在于他沟通不同世界的能力。他竟然还建立了一个伟大的陶器收藏,我们已经展览过了,我们展览过他的马约利卡陶收藏,而现在,他的欧洲青铜器展览也已列入日程。

而如此反讽的是,他居然会英年早逝。享年七十三岁却"英年早逝",这在我们这个时代很典型,尤其对亚瑟而言。从亚瑟的观点来看,他仅仅走完了人生旅途的一半而已。他有绝对非凡的观点。他给我打电话的频率,超过任何其他与国家美术馆有联系的人。我的电话记录表上充斥着亚瑟·赛克勒的来电,所有这些电话都是在我正在考虑某个问题的时候打来的,而神秘的是他的话题之一正是我考虑的那个问题。情况总是如此,这就并非巧合了,我认为他具有超自然的能力……几周前他坐在我的办公室里说:"你知道,卡特,与我们知道的一些收藏家不同,我不会永生。"嗯,亚瑟,你一般不会错,但那次你错了。

华盛顿特区国家美术馆馆长:J. 卡特·布朗

亚瑟·赛克勒是我一生中见过的为数极少的天才之一,也是我所遇到的最有修养的人之一。

纽约市大都会博物馆前馆长:托马斯·霍文

亚瑟·赛克勒天生具有如此强大的智慧和想象力,如此旺盛的精力和热情,时间、地域和文化的界限均无法把他困于其中。我认为托马斯·杰弗逊和亚瑟很可能会彼此欣赏。

纽约大学校长:约翰·布莱德马斯

亚瑟是少数不惧艺术与科学之间藩篱的人之一……他曾声明,他的慈善之心源于他的家庭,他回忆起,当他仅有四岁的时候,他记得父母卖掉他们的首饰,帮助以色列建立犹太国。不论来源,他捐助了无数的机构,而通过这些机构,丰富和提高了无数人的生活。

亚瑟在辞世前不久说:"我仅仅实现了我希望能完成的事业的很少一部分。这也许仅是很少一部分,因为他的确志存高远。然而他宽泛的兴趣、对经验的渴求,以及对几乎所有问题都要深入了解的无限求知欲,都将被我们所有人铭记。我们这些毕生希望给他人带来广博通识教育的人,我们这些要为[就读于哈佛大学的]学生实现该目标的人,应该回想赛克勒如何实现了许多我们所追求的目标。我们纪念赛克勒不仅因为他是一位捐助者,而是因为他在各个方面都完美地体现了通识教育。

哈佛大学校长:德瑞克·伯克

亚瑟最伟大的才能在于他可以自然地把人文、艺术和科学联系在一起……在大学里,我们倾向于工作于泾渭分明的学术领域之中,因为我们和其他人一样,需要分门别类来条理化自己对世界的经验。但是对世界了解最透彻的人知道,泾渭分明的学术领域对他们而言其实并不存在。亚瑟·赛克勒就是这些人中的一位,他是20世纪的一位奇才。用一个材料科学的类比来说,他置身于一个连贯有序系统的边界地带,该区域充满错配和无序,需要很高的能量,但也正是在这一区域,通过适应和变化会产生新的结构。简言之,所有的反应都发生在边界地带。

麻省理工学院校长:保罗·E.格雷

尽管亚瑟·赛克勒可以被认为是医生、作家、出版家、艺术品收藏家和捐助者,但我认为他是科学家……[他]在很多领域,为世界做出了巨大贡献。领域之一是他支持了方兴未艾的正分子医学新理念,这与他所创建的营养促进基金会相关。与许多享有他友谊的人一样,我很幸运能结识这位非凡之人。

加州帕洛阿尔托鲍林科学医学研究院:莱纳斯·鲍林

亚瑟非常幸运。他对于精神分裂症的生物化学基础的科研方法,领先所在时代几十年。而恰好在辞世前,他得以见到其方法得到确认。数十年前,他在这一极其重要的领域内进行了开拓性的工作。他也幸运地看到了他很多慈善项目的成果,这些项目纵贯其广泛的兴趣范围。我想不出其他任何人,可以涉猎如此众多的文化领域,教育、科学、医学领域,以及传媒领域,且均具有如此伟大的见识和品味。

纽约市洛克菲勒大学校长:乔舒亚·莱德伯格

我第一次见到亚瑟……是在华盛顿国家科学院的大厅内。那是一次会议中间的茶歇。稍作寒暄之后,亚瑟脱口而出:"这次会议很好。你的这家机构也很伟大,但我得告诉你,你们并未发挥出潜力。你们的智慧成果,目前只能惠及潜在受益者中很少的一部分。"此番未期之言,开启了其后我们很多小时的讨论,历时数月。结果是,如今的国家科学院已与我结识亚瑟之前大为不同……他正在成为一位自然科学的伟大推动者。因其对现代传播方法的知识和热情,他可以实现的有那么多,而且他已准备好着手工作……因为他有那么多精力、创造性、灵感和热情,所以他本可以在今后十年中作出更为巨大的贡献,这些才是我们真正无法计算的损失。

华盛顿特区国家科学院院长:弗兰克·普雷斯

我们说的是……一个具有文艺复兴精神的人。具有这一精神的人很罕见,但亚瑟·赛克勒肯定是其中一员。他是科学家,是研究者,也是临床医生。独立于其他兴趣领域,赛克勒以研究者成名。但在此以外,他对历史和艺术具有浓厚的兴趣,他还与世界分享了他伟大的艺术收藏。

[创建《医学论坛报》]极具创造性,很多人在该报创刊之初并不理解他的目的。但赛克勒博士在所用心的所有领域均追求卓越,他决心使《医学论坛报》达到刊物的最高标准。他做到了。在很多方面,《医学论坛报》都很可能是英语世界中最好的医学出版物。在诸多领域,该报均被认为是了解医学前沿的途径。

贝勒医学院院长:迈克尔·德贝基

1957年,我决定在帕克·波纳拍卖行卖掉几件藏品,是青铜器。第二天,我接到了该拍卖行的电话,称"一位绅士买走了您交付给我们的所有拍品,他询问能否获知卖家的姓名。我们规定不能透露卖家姓名,因此我们打电话给您,询问对此您的意见。"我说:"请告诉他吧。"转天,我接到了一位绅士的电话,他自我介绍是赛克勒博士,他还说:"我买走了您委托帕克·波纳拍卖行的所有拍品。我相信我们拥有共同的兴趣,或许品味也相同。我会非常高兴与您会面,我们可以不必有中间人介入。"

内科医生、精神病医生、收藏家:保罗·辛格

[赛克勒和我]都在纽约帕克·波纳拍卖行参加一次重要的中国艺术品拍卖,结束时我被引见给赛克勒。那时他已经在收藏艺术品……仅他拥有的中国艺术品就有数千件之多,这与此前我所结识的任何人都不同,

那时候大多数重要的收藏最多也不过包括几百件藏品而已,他那时候已经是中国艺术品收藏界的传奇人物。这些年来,我开始与赛克勒熟识……在我的领域中,我是几位有幸可以帮助他并分享其卓越的收藏家热情的人之一。正如许多其他人一样,我会悲伤地怀念这位善良而慷慨的人。

伦敦艺术品经销商:吉瑟普·埃斯肯纳茨

他对无数种文明、无数个年代都拥有丰富的知识……这是他使各个项目均结出硕果的灵感源泉。得益于他杰出的判断力、品味和鉴赏力,这些项目得到了进一步的丰富。迄今,[他]已选定了进行合作的几家艺术品经销商。他是一位极其睿智和精明的买家,他从经销商们那里获取其最好的艺术品,并成功地把他们的努力和自己的特色结合在一起。与他谈话可以获得启迪,他的言语间会透出非比寻常的广博文化,而且充满了各种想法和项目,这些会启迪他人的想象力。多年来,我和作为收藏家及学者的赛克勒有过许多个小时的谈话,他会涉及各种艺术与不同文明的话题,甚至会直接提出新的设想,这些都带给我深深的精神启迪和满足感……亚瑟·赛克勒伟大的精神遗产令人难忘。

伦敦艺术品经销商:安德鲁·切哈诺维茨基

亚瑟·赛克勒深切地渴望和平,而且他认为和平是可以实现的……我越来越多地感觉到,他极其多样的活动背后,有一个崇高的目标,要把不同种族、不同宗教信仰的人们更紧密地联系到一起。你或许认为这过于理想化,但他是个非常实际的人,他信仰行动。

是他的灵感,才导致了梵蒂冈珍宝在大都会博物馆的展览,而且他一直在寻求表现犹太教、基督教和伊斯兰教文化之间联系的方法……他的收藏似乎越来越多地在反映出他的愿望,希望表现出这三种西方主要文明之间的紧密联系。他会热心于来自乌尔比诺的意大利马约利卡陶瓶,它鲜亮、生动的色彩保存得很好,就像它1530年离开瓷窑时一样。继而他会关注陶瓶上所绘的《旧约》中该隐与亚伯的主题。最后他会指出阿尔巴雷罗形状起源于近东的陶器。看到这三种文化如此完美和谐地融合于一件艺术品,他会非常满足。亚瑟·赛克勒从未仅为艺术品本身而去取得该艺术品。无论一件艺术品多么珍稀、多么不凡或多么漂亮,他总感觉他对该艺术品的部分兴趣在于,该艺术品或许与遥远的时空内的其他艺术品存在联系……他总可以使我从新的、预料之外的视角去欣赏雕塑以及其他艺术品,尽管我可能已拥有这些艺术品多年。当他开始收藏文艺复兴时期青铜器的时候,他带来了新鲜的视角,这使他可以发现罗丹的《地狱之门》与亚力桑德罗·维多利亚的青铜器之间的相同点。

伦敦艺术品经销商:西里尔·亨弗里斯

在亚瑟的生活中,爱——这个被过度使用了的普世之爱——是他毕生的基调。
- 对美之爱
- 追寻易逝之爱
- 奋勇斗争之爱
- 对爱之爱
- 对生活之爱,尤其是对完美生活之爱
- 对伟大梦想之爱

如果生活是一笔贷款——如亚瑟如此崇拜的德拉克洛瓦所言——如果它是一笔贷款,那么他已经付给了上帝最高的利息。

音乐家、作家、餐馆老板:乔治·朗

亚瑟·赛克勒具有并发挥了多样得令人难以置信的才能。他对艺术、科学、医药和人文领域所作的创造性贡献,常常被人罗列而且从未被夸大。在他用心的所有领域,他都会追求卓越而且往往可以做到卓越。亚瑟的一个杰出特点是,他没有对其才能或资源的占有欲。我总有这种感觉,亚瑟其实并未真正拥有过任何东西,因为他总是乐于与人分享。让你或我能够欣赏一件艺术品、能够受益于一个科学或哲学上有价值的发现抑或一条医学信息,对他来说比属于他或来自于他更为重要。他的事业是把爱带给全人类,这才是世界"慈善家"的真正含义。

美国广播公司主持人:休·道恩斯

我记得最后一次与亚瑟和吉尔见面。那是在我家,我们谈到了各种话题,当然包括艺术,这个他密切关注的话题。我记得就在他们要告辞之前,我很热情地说:"你们愿意看看我新得到的宝贝吗?"那是一把斯特拉迪瓦里制作的小提琴,我刚刚得到。当然,他说非常愿意看一看。能给他看那把小提琴是我的荣耀,因为他已经见过如此多的艺术之美。之后他观看了那把琴,表示非常欣赏。今天我很荣幸来到这里,让亚瑟在自己家里听这把琴奏出的音乐。亚瑟,我把下面这首巴赫的《柔板》献给你。

小提琴家:伊萨克·帕尔曼(于大都会艺术博物馆赛克勒楼)

亚瑟的工具是他的智慧，而加强其智慧的有他的睿智、远见、生活之爱和对同事的尊敬。我有幸曾与他一起欢笑、一道分享快乐，与他握手、与他有过万语千言和会意的交流、与他一同织就了我们的友谊之网。这张承受了他过早离去的友谊之网，将会继续支持我随时以他为榜样。他是最好的榜样。

指挥家：洛林·马泽尔

使亚瑟与众不同的是，他从未失去本真。他从未失去孩童般的快乐，每日从生活中发现奇迹与美。他永久地期望改善——改善人民的生活，改善置身其中的这个世界。

印第安纳布鲁明顿大提琴演奏家：亚诺什·斯塔克

在任何情况下，亚瑟都代表着活力、热情和蓬勃的动力。在一场演出之后，看到亚瑟穿过人丛，满带着欢愉和激动，毫不掩饰自己的偏好地说："这是我听过的最好的演出，我很喜欢。"那感觉非常好。他还总在提问，总会质疑，一直在学习。然而他却往往是老师。我将永远会感觉到他把手放在我的胳膊上说："你刚才是否……"然后，他会告诉我很多我不知道的事情，关于研究、关于历史、关于艺术和人。正如亚瑟最近评价自己时所说："我首先是学生。"他是学习的学生，是欣赏的学生，是科学的学生，是人民的学生。最重要的是，我们知道他是我们的朋友，一个令人尊敬的人。

大都会歌剧院歌唱家：谢里尔·米伦兹

我和亚瑟的友谊源于我们对东方艺术，尤其是中国艺术共同的兴趣和尊重。他相信和平的基础是中美两国的合作，我怀疑他这一想法并非基于政治，而是基于两种差异很大的思维方式的交汇——我们那有时有些过分的个人主义被东方对集体的尊重所调和。根据犹太传统，仅凭个人是不能期望成为圣徒的。个人的最高成就是成为"义者"，即一个正直的人。在我看来，在我所认识的所有人之中，亚瑟离这一境界最近。

演员：罗恩·西尔弗

对亚瑟的记忆是我不竭的灵感源泉。通过他个人的见解，我有幸得以分享看待历史的一种新方法，也有幸被指点而管窥未来所具有的潜力，即艺术和科学将充满崭新的可能性——在他看来，艺术与科学两者可以完美地统一在一起。他是一位坚定的乐观主义者，他认为我们正在走向另一次文艺复兴，而闲适的文化也将弥合当今社会的诸多分歧。

作为建筑师……与亚瑟在工作上的关系……可以达到一生中罕见的高点，因为创作的过程可以与志趣相投者共享，而设计的领域也被延伸到了极限。这是一种令人感觉良好的经历，因为通过与他的交流，通过他自己对设计所作的贡献，你在幻觉中会感觉自己的个人能力得到了加强。很难用言语来表达那种默契，就相当于有一种无声的语言，使在诸如建筑功能、视觉形式等相关问题上获得完全的认同。我记得他不止一次在长途电话中说："我们没必要见面讨论这一问题——我们的观点完全一致。"

我个人敏感地觉察到他的另一种令人自惭形秽的慷慨——他那种彻底的、无私的献身精神；他在学术上充满智慧，而处事中亦尽显练达；他有敏锐的视角；他有对他人的关怀；他有努力工作的热情，他给自己制定的日程对于比他年轻一半的人也相当可观；他的热情富有感染力，他有对生活的热情和绝对正直的性格。

建筑师：诺曼·福斯特

［他各种成就］的背后是深刻的好奇心，他以不知疲倦的旺盛精力，投入到研究、出版、收藏以及人际交往之中。像罗斯金一样，他相信一切人文、科学和自然现象都相互依存。他的慷慨——对于本国或其他地方的许多机构而言——具有传奇色彩，他的慷慨从不仅限于一张支票。

伦敦皇家艺术学院院长：休·卡森

根据犹太传统，在光明节的八天期间，每晚都要在烛台上点燃一支蜡烛……［亚瑟］一生好似为人服务的蜡烛，为你，为我，为世上无数人。就像仅能服务一天那样，他要在服务中燃尽自己。

纽约大主教：约翰·奥康纳

在中国，我们会永远记住赛克勒博士的杰出贡献。我们知道，他深受全球各地人民的热爱和尊敬，因为他在世界各地做了很多好事。

中华人民共和国临时代办：黄嘉华

英文版出版
赛克勒基金会
（Dame Jillian & Dr. Arthur M. Sackler Foundation for the Arts, Sciences & Humanities）

摄影
M. 贝纳维兹，W. 卡灵，C. 基德，A. 劳巴赫，K. 尼尔森，J. 特鲁多。
其他照片来自赛克勒博士夫妇档案以及赛克勒美术馆和史密森尼博物院档案。